21世纪高职高专会计专业改革系列规划教材

主管会计实务

主　编　黄　越

副主编　熊　瑜　谌　君

参　编　（以姓氏笔画为序）

刘本坤　刘庆丰　余凌云

谌　君　黄　越　鄢烈仿

熊　瑜

主　审　杨季夫

华中科技大学出版社

《21世纪高职高专会计专业改革系列规划教材》研制委员会

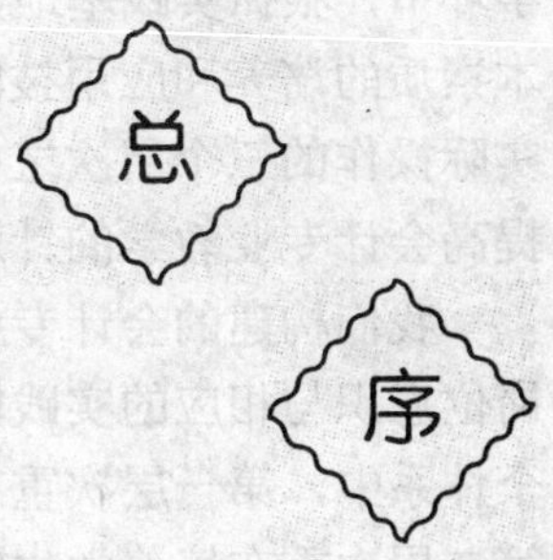

总序

我国高职教育目前正处于一个新的历史发展时期。走外延扩张和内涵发展相结合的道路，寻求高职教育持续健康的发展，正激发起我们这些高职人的责任感和使命感。以改革的思维谋划新的教育教学体系，用发展的眼光审视专业建设的方向和结构，按能力主线布局课程设置的目标和重心，把对万千学子成才就业的责任化为我们创新追逐的行为，突破传统教学观念的羁绊，提升教育教学模式的培养和服务功能，已成为当前我们高职教育的主体共识。

我们欣喜地看到，进入21世纪以来，高职领域教学改革风生水起，高职会计专业教育教学改革更是百花齐放，成果迭出。这些都为我们加快专业建设的步伐提供了强大的精神动力和智力支持。在稳定中求规范，在规范中求发展，在发展中求创新，是我们改革教学体系，加强专业建设的基本理念。从2002年开始，我们荆州职业技术学院着手系统地谋划高职会计专业教学改革，循序渐进地开展会计专业建设的探索，取得了令人欣慰的建设成果。

(1) 以学生就业为中心，以市场需求为导向，创新人才培养模式。定位学生的培养规格，注重学生知识、能力和素质结构的构建，突出学生的技能应用能力和实际操作能力，创新人才培养模式，形成“1+2+X”的教学新思路和新模式。即1个中心、2个面向、X项选择。“1”是指一切以学生就业为中心；“2”是指会计专业的教学面向会计专业的社会目标和会计专业学生个人价值实现的目标；“X”是指会计专业学生X个初始就业岗位的意向定位选择(学生从会计职业岗位群中根据自身的素质和能力选择一个或几个适合自己的初始就业岗位)。

(2) 以职业岗位为主导，以培养人才质量为核心，构建理论教学体系。改革课程体系，优化课程结构，精选教学内容，整合教学资源，搭建学生的基本素质和能力平台，以会计岗位为基础来构建“模块式”、“技能化”的会计理论教学体系并推进有会计岗位特色的专业系列教材的建设，努力推动会计专业精品课程和精品教材的创建。

(3) 以职业能力为根本，以技能强化为主线，改进实践教学体系。重视实践教学环节，狠抓实践基地建设，形成“分层实践，逐层提升”的教学体系，把学生基本素质的培养和应用技能的强化渗透到课堂实践教学、实验室模拟训练和实习基地实际操作的三个层次之中，将实训与运用、实习与强化、实践与检测相结合，切实提高会计专业教学的针对性、技能性、应用性。

我们构建的会计专业理论教学体系，是一个以技能培养为核心，探索培养学生岗位意识与相应的实践能力、综合运用能力相结合的分层会计理论教学体系。在这个体系中，第一层次重在培养学生的基础技能，设置的课程为“会计核算基础”；第二层次重在培养学生的岗位技能，专业课程群由“出纳实务”、“往来会计实务”、“供应链会计实务”、“成本会计实务”和“主管会计实务”等组成；第三层次主要是培养学生的综合技能，这个层次共设置“财务管理”、“审计”、“会计法规”、“电算会计”、“会计职业道德”等5门必修课程。这样，层层递进，达到专业培养目标。

按照会计专业改革与建设的要求，我们分阶段、有步骤地启动了会计专业改革系列教材建设的步伐。从2003年起，我们把《会计核算基础》、《出纳实务》、《往来会计实务》、《供应链会计实务》、《成本会计实务》、《主管会计实务》、《财务管理》、《审计》、《会计法规》、《电算会计》、《会计职业道德》等教材纳入《21 世纪高职高专会计专业改革系列规划教材》规划建设的轨道，加强精品教材的建设力度，力图以教材的建设促进会计专业的改革、建设与发展。

《21 世纪高职高专会计专业改革系列规划教材》的研制，始终坚持并遵循唯实、唯精的原则。这套系列教材主要有以下“三强”特色。

(1) 针对性强。一是突出会计专业学生的职业针对性，二是注重会计职业岗位的针对性，三是切合会计专业学生初始就业需要的针对性。

(2) 实务性强。这套教材对接了新会计准则、会计制度对会计从业人员的新要求，融合了会计业界在会计实务处理上的最新成果，汇集了会计实务的核心精华和操作要领。

(3) 实用性强。这套教材注重了高职教育人才培养规格的定位取向和职业能力的定位取向；注重了学习对象建立会计核算流程框架，处理会计事项的计量确认记录以及运用会计信息聚财、理财、用财等程序性指南和实际运用能力的递进性演练；注重了教材组织结构、内容体系上的简洁与实用。

《21 世纪高职高专会计专业改革系列规划教材》是在荆州职业技术学院工商管理系的精心运筹和组织下，经过长时间的研制开发而成的。资深会计教师担纲，业界专家人士参与，院系领导重视，提升了本系列教材的教学运用价值。荆州职业技术学院副院长陈元芳副教授、院长助理谢守忠副教授对本系列教材的研制与开发提出了指导性的框架意见，华中科技大学出版社为本系列教材的出版做了大量的工作，本系列教材在编写过程中还引用了大量国内外会计教材和相关的文献资料。在此，我们一并致以衷心的感谢。

《21 世纪高职高专会计专业改革系列规划教材》，是我们在高等职业教育实践中辛勤探索的结晶，是我们会计专业教师团队精神和集体智慧的产物，也是我们高职人对会计专业建设与发展的追逐与奉献。我们相信，《21 世纪高职高专会计专业改革系列规划教材》的出版与使用，一定会为高职会计专业教育的建设与发展带来积极的推动作用。

《21 世纪高职高专会计专业改革系列规划教材》研制委员会

2006 年 10 月 25 日

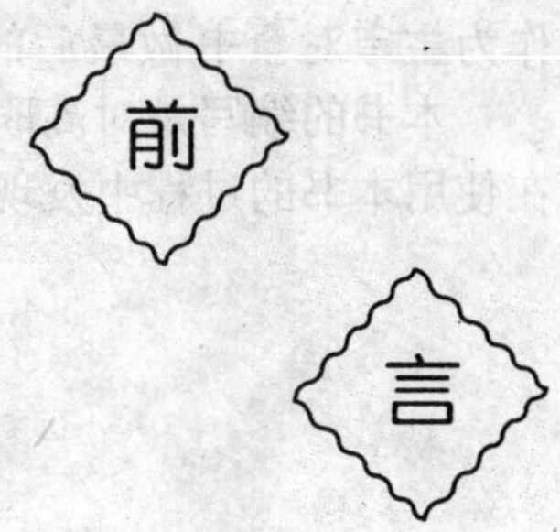

前言

为规范企业会计确认、计量和报告行为，保证会计信息质量，根据《中华人民共和国会计法》、《企业会计准则——基本准则》等国家有关法律、行政法规，财政部制定了38项具体准则，并于2006年2月15日发布了财会〔2006〕3号文件，要求上市公司于2007年1月1日起开始执行新准则，其他企业参照执行。这标志着我国会计改革的基本框架已经接近完成，在将来这段时间将进入一个逐步完善的阶段。

为适应我社会主义现代化建设对高等应用型人才的需要，我国高职高专教育近年来有了迅速发展，本书就是为适应这一变化而编制的。高职高专的教材建设与课程设置上，应坚持“以技能培养为主线，以实际需要为方向”的原则。本书在阐述了会计核算工作中的基本理论和方法的前提下，针对社会对主管会计人员的客观需要，针对主管会计日常工作中可能遇到的实际情况，强调了主管会计在核算中的中心地位，强调了主管会计在企业管理中的助手角色，强调了主管会计在面对外部单位如工商、税务、银行及财政等政府部门时能发挥的职能作用。并对课程做了较大的调整，强化了主管会计在其工作岗位中可能用的较多的知识点，而弱化了其他会计工作岗位可能用的更多的知识点。在会计知识的组织和掌握上，本书具有较强的针对性。

本书由杨季夫同志根据多年的职业教育经验提出课程改革思路，在本书各位参编教师的广泛参与下，拟定了本书的编写思路。参编人员都是从事会计教育工作多年的老教师，分别具有高级会计师、注册会计师、高级讲师、教授或副教授等职称，理论经验和实际操作能力都很强。本书具体编写由黄越任主编，熊瑜、谌君任副主编。主编、副主编除参与初稿的编写外，主编负责对本书提纲的提出、修改与定稿，副主编对全书做了最后的修改、补充和完善。各章的执笔人依次为：第一章、第二章、第四章由黄越执笔；第三章由谌君与刘庆丰共同执笔；第五章由鄢烈仿执笔；第六章由熊瑜执笔；第七章由刘本坤执笔；第八章由余凌云与黄越共同执笔。各章后面的习题以及全书的排版均由谌君完成。成稿后杨季夫同志作为主审对全书做最后的审核和把关。

本书的编写是对高职高专会计课程改革的尝试，肯定存在很多不足，恳请读者在使用本书的过程中发现问题并作出批评和指正。

编　者

2006 年 8 月

目　录

第一章 概 述

学习提示

会计是顺应社会生产和经济发展的要求而产生、发展并不断完善起来的一项管理行为。为了让会计这一管理行为能够更全面地为企业服务，企业对会计人员的分工越来越细，而在所有的会计分工岗位中，会计机构负责人或者主管会计人员的工作处于核心地位。

第一节 现代会计的目标和主管会计的要求

一、现代会计的目标

现代企业会计是一个经济信息系统，是企业经营管理的基本组成部分。企业财务会计作为现代企业会计体系的基础，它以凭证— 账簿— 报表这一基本的模式，依照一定的程序，按照企业会计准则和会计制度，对企业内部的经济活动进行正确的确认、计量和记录，以定期提供财务报告为主要手段，来为内部和外部关系人提供企业的获利能力和财务状况等方面的会计信息。它的目标主要表现在以下三个方面：

① 为政府提供会计信息，以满足国家宏观经济管理的需要；

② 为企业外部有关部门提供会计信息，以满足企业投资者进行决策、银行和税务实施监督的需要；

③ 为企业内部经营管理者提供会计信息，以满足企业不断加强经营管理、提高经济效益的需要。

二、主管会计的要求

现代企业管理对会计人员的要求越来越高，对财务信息的需求越来越细。为了让会计这一管理行为能够更全面地为企业服务，企业对会计人员的分工越来越细，会计人员的工作也越来越具体。会计人员按工作岗位一般可分为：会计机构负责人或者主管会计、出纳、财产物资核算员、工资核算员、成本费用核算员、财务成果核算员、资金核算员、往来结算员、总账报表员、稽核员、档案管理员等。根据实际需要，可以一人一岗、一人多岗或者一岗多人，但是，出纳人员不得兼管稽核和会计档案保管以及收入、费用、债权债务账目的登记工作。

在所有的会计工作岗位中，会计机构负责人或者主管会计人员处于会计工作的核心地位。我国 1996 年颁布的《会计基础工作规范》对会计机构负责人、会计主管人员提出了以下几个基本要求：

(1) 坚持原则，廉洁奉公；

(2) 具有会计专业技术资格；

(3) 主管一个单位或者单位内一个重要方面的财务会计工作时间不少于两年；

(4) 熟悉国家财经法律、法规、规章和方针、政策，掌握本行业业务管理的有关知识；

(5) 有较强的组织能力；

(6) 身体状况能够适应本职工作的要求。

对主管会计人员具体职能上的要求，不同单位因不同的会计信息需求而不同，但基本工作性质的要求是共通的。下面是一则企业网上招聘主管会计时对岗位职责的说明。

负责日常费用的报销审核工作，主要包括业务接待费、差旅费、办公费等；

根据购货合同，审核货款的付款申请单；

负责审核固定资产购建手续的完整性，负责固定资产的购入、调拨、内部转移、租赁、清理的账务，配合有关部门进行固定资产的盘点清查，负责固定资产计提折旧；

负责库存商品的核算及正确归集主营业务成本和费用，并及时结转；

负责公司各项收入的归集、核算和分析，开具发票，及时上报各项税金报表，依法计算并缴纳税金；

负责按时完成编制企业资产负债表、损益表、利润分配表、现金流量表和报表附注，上报各相关部门和单位；

负责与收付有关的往来账目的核算、清理、分析和催收；

负责工资的核算管理；

每月初和月末按税务局规定的时间抄税、验票和报税；

财务稽核与档案保管；

编制年度预算、月度预算，编制预算与实际情况分析表；

办理税务登记、变更，税收优惠、减免事宜，配合税务检查。

通过对上面这则说明的分析得出，主管会计的工作职能要求重点集中在以下几个方面。

第一，负责本单位的财务核算、检查和分析工作；合理制定公司的财务目标和财务工作计划，协助编制预算，合理使用资金，以保证企业各项事业的需要。

第二，准确、及时地做好账务和结算工作；正确进行会计核算，填制和审核会计凭证；登记明细账和总账；对款项和有价证券的收付，财物的收发、增减和使用，资产增减和经费收支进行核算。

第三，负责会计监督，根据规定的成本、费用开支范围和标准，审核原始凭证的合法性、合理性和真实性，审核费用发生的审批手续是否符合企业规定；根据企业战略和规划进行预算控制。

第四，负责企业固定资产的财务管理，按月正确计提固定资产折旧，定期或不定期地组织清产核资工作。

第五，负责企业税金的计算、申报和解缴工作，在不违反国家财税制度的基础上降低企业运营成本。

第六，协助有关部门开展财务审计和年检工作。

因此，出于实际工作的需要，本书重点介绍必须由主管会计人员掌控的对外投资的管理和核算，固定资产、无形资产等长期资产的管理与核算，税金的计算筹划、缴纳及税务登记的办理，利润形成及分配的计算，资本金的管理及工商登记的办理及对外报表的编制等相关内容，而舍弃了岗位分工上应由出纳人员、往来会计、材料会计及成本会计等会计人员细化掌握的内容，对主管会计人员的工作有很强的针对性。

第二节 企业会计准则和企业会计制度

一、企业会计准则

企业会计准则是在会计理论指导下，通过一定的组织机构所制定的会计标准，它是企业会计工作的规范，是处理会计实务、评价企业会计工作质量的准绳。我国自 1993 年 7 月 1 日公布实施《企业会计准则——基本准则》起，已连续出台了 39 项企业会计准则(包括 1 项基本准则，38 项具体准则)，并于 2006 年 2 月 15 日由财政部发文在全国范围内推广使用这 39 项准则(上市公司 2007 年 1 月 1 日起强制施行)。

(一)基本会计准则

基本会计准则是指为进行会计核算工作而做出的原则性规定，它包括四部分内容：会计核算的基本前提、会计核算的一般原则、会计要素原则、会计报表原则。基本会计准则的规定，是我国不同所有制、不同行业的企业所必须共同遵守的原则。

1. 会计核算的基本前提

会计核算的基本前提是指会计准则中规定的各种程序和方法适用的前提条件，也称为会计假设。按照我国的会计准则，会计核算的基本前提包括以下四点。

(1) 会计主体假设。会计主体是指会计所核算和监督的特定单位或组织，它界定了从事会计工作和提供会计信息的空间范围。对企业来说，它就是要求会计核算区分自身的经营活动与其他企业单位的经济活动，区分企业的经济活动与企业投资者的经济活动。

会计主体与法律主体并不是同一个概念。一般来说，法律主体必然是会计主体，但会计主体并不一定是法律主体。任何企业，无论是独资企业、合资企业还是合伙企业，都是一个会计主体。在企业规模较大的情况下，为了便于掌握其分支机构的生产经营活动和收支情况，可以将分支机构作为一个会计主体，要求其定期编制会计报表。也就是说，会计主体可以是独立法人，也可以是非法人；可以是一个企业，也可以是企业内部某一单位或企业中的一个特定的部分；可以是单一企业，也可以是由几个企业组成的企业集团。

(2) 持续经营假设。持续经营是指会计主体在可预见的未来，将根据正常的经营方针和既定的经营目标持续经营下去。在可预见的未来，不会破产清算，所持有的资产将正常营运，所负有债务将正常偿还。它要求会计人员以企业持续、正常的生产经营活动为前提进行会计核算。

会计核算中所使用的一系列会计处理方法都是建立在持续经营前提的基础上。例如：在持续经营的前提下，企业才能运用历史成本原则，使用它所拥有的各种经济资源和依照原来的偿还条件来偿还它所负担的各种债务；在资产和负债的分类方面，由于假定企业持续经营，才有流动资产、固定资产以及流动负债、长期负债之分。若企业即将清理，则持续经营的前提就不成立，一些公认的会计处理方法也将缺乏存在的基础，编制财务报告就应根据资产的清算价值，负债则根据立即清偿的金额报告。

(3) 会计期间假设。会计分期是指将会计主体持续经营的生产经营活动划分为若干相等的会计期间，以便分期结算账目、编制财务会计报告。我国企业的会计期间分为年度、半年度、季度和月度，年度、半年度、季度和月度均按公历起讫日期确定。

会计期间是一种人为的划分。在持续经营中许多交易在一个会计期间并未完成，为此，每期所结算的损益只是对营业收入和费用的估计，以反映企业在期间内的经营成果和财务状况及其变动情况。

(4) 货币计量假设。货币计量是指会计主体在会计核算过程中采用货币作为统一的计量单位，记录、反映会计主体的经营情况。会计核算客观上需要一种统一的计量单位作为其计量尺度。而在诸多计量单位中货币是经济活动计量的最好单位。经济活动存在多种计量单位，如：货币，实物数量、重量、长度、面积等。会计使用货币作为统一的计量单位，它具有广泛的适用性，更能体现会计目的，即表达财务状况和经营成果。

我国企业的会计核算应以人民币作为记账本位币。业务收支以外币为主的企业也可以选择某种外币作为记账本位币，但编制的财务会计报告应当折算成人民币来反映。在境外设立的中国企业向国内报送的财务会计报告也应当折算为人民币。

2. 会计要素原则

会计要素是指会计核算的具体对象，是对会计对象进行的基本分类。按照我国的企业会计准则，会计要素分为资产、负债、所有者权益、收入、费用、利润六项。这六项会计要素又可划分为两大类，即反映财务状况的会计要素和反映经营成果的会计要素。

(1) 反映财务状况的会计要素。

① 资产。资产是指由过去的交易、事项形成并由企业拥有或者控制的资源，该资源预期会给企业带来经济效益。

资产是企业从事生产经营活动的物质基础，并以具体形态分布或占用在生产经营过程的不同方面。资产包括各种财产、债权和其他权利。资产按其流动性可以分为流动资产和非流动资产(或称为长期资产)。流动资产是指在一年或者超过一年的一个营业周期内变现或耗用的资产，包括现金、银行存款、短期投资、应收及预付款项、存货等；非流动资产是指不符合流动资产条件的资产，即不准备在一年内变现或使用时间超过一年的资产，包括长期投资、固定资产、无形资产、其他资产等。

② 负债。负债是指过去的交易、事项形成的现时义务，履行该义务预期会导致经济利益流出企业。

负债是企业筹措资金的重要渠道。负债按其偿付期的长短可以分为流动负债和长期负债。流动负债是指将在一年或超过一年的一个营业周期内偿还的债务，包括短期借款、应付账款、应付票据、应付工资、应交税金、应付利润、预提费用等；长期负债是指偿还期在一年或者超过一年的一个营业周期的债务，包括长期借款、应付债券、长期应付款等。

③ 所有者权益。所有者权益是指所有者在企业资产中享有的经济利益，其金额为资产减去负债后的余额。所有者权益表明企业的产权关系，即企业归谁所有。

所有者权益包括投资人对企业的投入资本以及形成的资本公积、盈余公积和未分配利润等。所有者权益与负债有着本质的区别：负债是对内和对外所承担的经济责任，企业负有偿还的义务，而所有者权益在一般情况下不需要归还给投资者；企业使用负债取得的资金，通常需要付出代价，而使用所有者权益取得的资金，则不需要支付费用；企业清算时，负债拥有优先清偿权，而所有者权益只有在清偿所有负债后才返还给投资者；负债不能参与企业利润分配，而所有者权益的基本部分可以参与企业的利润分配。

以上三个要素反映了资金在某一时点处于相对静止状态时的表现，即资金的存在形式为资产，资金的来源途径为负债和所有者权益，这三个要素是资金运动的静态表现形式，称为静态三要素或财务状况三要素。

(2) 反映经营成果的会计要素。

① 收入。收入是指企业在销售商品、提供劳务及让渡资产使用权等日常活动中所形成的经济利益的总流入。这种总流入表现为资产的增加或债务的清偿，最终导致所有者权益的增加。

收入包括主营业务收入和其他业务收入。主营业务收入是由企业的主营业务所带来的收入，如工业企业的产品销售收入；其他业务收入是由企业的附营业务所带来的收入，如工业企业的材料销售收入、租金收入、运输收入等。收入不包括为第三方或者客户代收的款项。

收入是企业持续经营的基本条件，企业必须在销售商品或者提供劳务等经营业务中取得收入，补偿经营活动的耗费，才能保证生产经营活动不间断地进行。正确地确认收入是计算财务成果的重要内容。

② 费用。费用是指企业为销售商品、提供劳务等日常活动所发生的经济利益的流出。

企业进行生产经营活动，必然要相应地发生一定的费用，主要有两部分：一是为制造产品而发生的生产费用，通常称为产品生产费用或制造成本，主要包括产品生产过程中耗费的直接材料费用、直接人工费用和生产车间发生的制造费用；二是不能予以对象化的费用，通常称为期间费用，主要包括管理费用、财务费用和营业费用。费用是经营成果的扣除要素，收入扣除费用后形成一定期间的利润。

③ 利润。利润是指企业在一定会计期间的经营成果，包括营业利润、利润总额和净利润。利润是收入与费用配比、相抵后的差额，是反映经营成果的最终要素。企业利润的确认与计量，也就是收入与费用的确认与计量。

以上三个要素反映了资金在一定时期处于运动状态时的表现，即资金的运动表现为收入的获得、费用的发生和利润的形成，称为动态三要素或经营成果三要素。

(二)具体会计准则

具体会计准则是根据基本会计准则的要求，就会计核算的基本业务和特殊行业的会计核算工作做出的规定。具体会计准则按照其内容可以分为共性业务会计准则、会计报表准则和特殊行业会计核算准则三方面内容。

共性业务会计准则主要对各行各业会计核算中共同的基本业务的会计处理做出规定，其中共同的基本业务的会计处理主要包括对固定资产、折旧、存货、收入、无形资产、外币折算、应收账款等的会计处理。会计报表准则主要就各种会计报表反映的内容、列示方法和报表的格式等做出规定，其中会计报表包括资产负债表、利润表、现金流量表、合并会计报表等。特殊行业会计准则主要是分别对一些特殊行业的基本会计业务的核算做出规定，其中基本会计业务的核算包括对金融工具确认和计量、金融资产转移、套期保值、原保险合同、再保险合同等的核算。

二、企业会计制度

会计制度是指部门或行业根据会计准则制定的适用其本身进行会计工作所遵循的规则、方法和程序的总称。

会计制度与会计准则既有联系又有区别。两者的联系是：会计准则统驭会计制度；会计制度是会计准则的具体化，它体现了会计准则规定的原则和方法。两者的区别是：会计准则具有宏观控制的功能；会计制度是对本企业或行业会计工作的微观控制。会计准则的核心是会计报告，规定对外报告的内容、确认和计量的方法与口径，以及对外报告的质量标准和要求；会计制度的核心则是账户设置、会计核算、具体流程，以及会计核算的具体方法等。因此，会计准则与会计制度所包含的内容不完全相同，会计准则确定原则，会计制度突出具体操作。会计准则比较符合国际惯例，而会计制度则比较符合我国的习惯。在我国，会计准则和会计制度将长期并存。

我国现行企业会计制度体系如图 1-1 所示。

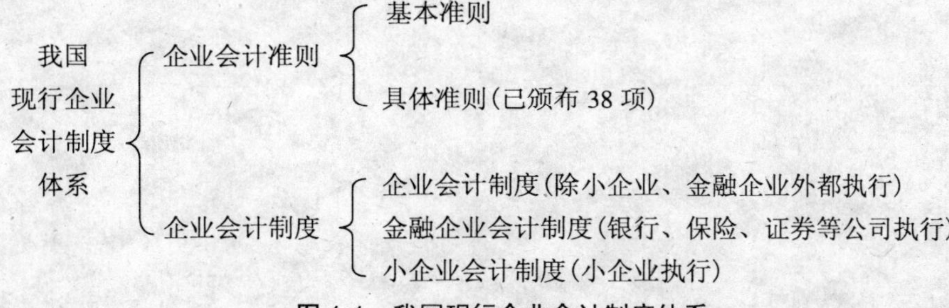

图 1-1　我国现行企业会计制度体系

企业会计制度规定了会计科目、会计科目编号，以便编制会计凭证、登记账务、查阅账目、实行会计电算化。企业不应当随意打乱重编。某些会计科目之间留有空号，供增设会计科目之用。企业应按规定设置和使用会计科目。本书附录附有企业会计制度和小企业会计制度对应的科目表及企业会计制度与小企业会计制度的差异对照表。

本章小结

会计机构负责人或者主管会计人员在整个会计流程中处于核心地位，要求他们能熟悉国家财经法律、法规、规章和方针、政策，掌握本行业业务管理的有关知识，在此基础上认真完成会计的核算和监督工作。

在我国，企业会计准则和企业会计制度是并行的，会计准则统驭会计制度，而会计制度是会计准则的具体化。企业会计准则包括 1 项基本准则，38 项具体准则。基本准则包括 4 部分内容：会计核算的 4 个基本前提、会计核算的 13 个一般原则、会计的 6 个要素原则、会计报表原则。其中会计的 6 个要素是指：资产、负债、所有者权益、收入、费用和利润。以这个 6 个会计要素的划分为基础形成了企业的会计科目体系。

复习思考题

1. 主管会计的工作职能要求体现在哪几个方面？
2. 会计核算的基本前提包括哪些内容？
3. 企业会计制度与会计准则的关系怎样？
4. 会计核算的要素是哪几个？具体包括哪些内容？
5. 会计科目分为哪几大类？每一类会计科目包括哪些具体的科目？

第二章　对外投资

学习提示

对外的投资既可以通过充分使用企业的闲散资金来获利，也可以通过获取其他企业的控制权以更好地占领市场，并最终使企业的利益达到最大化。对外投资不只是对资金的使用，甚至也会决定企业的生存与发展战略方向。因此，做好对外投资的核算与管理是主管会计人员的重要工作之一。

投资是指企业为通过分配来增加财富，或为谋求其他利益，将资产让渡给其他单位所获得的另一项资产。投资具有以下特点。

(1) 投资是通过让渡其他资产而换取的另一项资产，如支付现金以购买债券、以固定资产向其他单位投资以取得其他单位的股权(包括通过让渡一项股权换取另一项股权)等。

(2) 投资所流入的经济利益是间接的。企业所拥有或控制的除投资以外的其他资产，通常能为企业带来直接的经济利益。如库存商品是为转售而储备的，对这些存货的出售可以直接为企业带来经济利益；又如固定资产，虽然它为企业带来直接的经济利益不很直观，需通过其生产的产品所创造的经济利益得到体现，但这种经济利益的流入是企业本身生产经营所产生的，从这个意义上看，固定资产也能为企业带来直接经济利益。而投资通常是将企业的部分资产转让给其他单位使用，通过其他单位使用投资者投入的资产所创造的效益后分配取得的，或者通过投资改善贸易关系等手段达到获取利益的目的。

按照投资的变现能力及投资目的，投资通常可分为短期投资和长期投资两类。

第一节　短期投资

一、短期投资概述

短期投资是指能够随时变现并且持有时间不准备超过一年(含一年)的投资。

按照投资性质的不同，短期投资可以分为短期股票投资、短期债券投资和短期其他投资。短期投资通常易于变现，且持有时间较短，不以控制被投资单位等为目的。

短期投资应当符合以下两个条件：第一，在公开市场交易并且有明确市价；第二，持有投资作为剩余资金的存放形式，并保持其流动性和获利性。企业购入的不能上市交易或虽然能上市交易但不准备随时变现的股票、债券等，不能作为短期投资核算。企业管理者以短期持有为目的的，即使实际持有期间已超过一年的短期投资仍应作为短期投资核算。

二、短期投资的核算

(一)短期投资的核算内容

为了核算短期投资业务，企业应设置“短期投资”、“应收股利”、“应收利息”、“投资收益”等科目。

1．“短期投资”科目

“短期投资”科目核算企业购入能随时变现并且持有时间不准备超过一年(含一年)的投资，包括股票、债券等。该科目借方登记短期投资取得的成本，贷方登记短期投资持有期间所获得的现金股利和利息以及处置短期投资时结转的实际成本，期末借方余额反映结存的短期投资的实际成本。该科目应按短期投资种类设置明细账，进行明细核算。

2．“应收股利”科目

“应收股利”科目核算企业因股权投资而应收取的现金股利。企业应收其他单位的利润也在本科目核算。该科目的借方登记购入股票实际支付的价款中包含的已宣告但尚未领取的现金股利以及长期股权投资应分得的现金股利或利润，贷方登记收到的现金股利或利润，期末借方余额，反映企业尚未收回的现金股利或利润的数量。本科目应按被投资单位设置明细账，进行明细核算。

3．“应收利息”科目

“应收利息”科目核算企业因债权投资而应收取的利息。企业购入到期还本付息的长期债券应收的利息，在“长期债权投资”科目核算，不在本科目核算。“应收利息”科目的借方登记购入债券实际支付的价款中包含的已到付息期但尚未领取的债券利息，购入分期付息、到期还本的债券以及取得的分期付息的其他长期债权投资已到付息期而应收未收的利息，贷方登记实际收到的应收利息，期末借方余额，反映企业尚未收回的债权投资利息。本科目应按债券种类设置明细账，进行明细核算。

4. “投资收益”科目

“投资收益”科目核算企业对外投资所取得的收益或发生的损失。该科目的贷方登记实现的投资收益，借方登记发生的投资损失、计提的投资减值准备，期末余额应转入“本年利润”科目，结转后无余额。

(二)短期投资入账价值的确定

短期投资在取得时应当按照初始投资成本计量。短期投资取得时的初始投资成本，是指企业取得短期投资时实际支付的全部价款，包括税金、手续费等相关费用。

企业取得短期投资的方式很多，这里仅介绍企业以现金方式取得短期投资入账价值的确定方法。企业以现金(含银行存款、其他货币资金)方式取得的短期投资，应按实际支付的全部价款(包括税金、手续费等相关费用)作为短期投资成本入账，但实际支付的价款中所包含的下列款项不构成投资成本。

(1) 短期股票投资实际支付的价款中包含的已宣告但尚未领取的现金股利，它是指购入短期投资时支付的价款中所垫付的、被投资单位已宣告但尚未发放的现金股利，不包括股票股利。这部分款项应作为应收股利处理。

例如，A公司于2006年5月10日宣告分派现金股利，每10股派1元现金股利(不含税)，5月10日在册的股东均可享有该项现金股利，并定于5月25—30日发放现金股利。B企业于2006年5月1日购入A公司股票10 000股，每股市价5元，并于2006年5月15日以每股6元的价格将股票全部出售给C企业。假设C企业为此项投资缴纳的税费为300元，则C企业购入该项短期投资的初始投资成本为59 300(6×10 000＋300－10 000÷10)元，实际支付的价款中所包含的已宣告但尚未领取的现金股利为1 000(10 000÷10)元。购入短期股票支付的价款中所含的已宣告但尚未领取的现金股利作为应收股利处理。

(2) 短期债券投资实际支付的价款中包含的已到付息期但尚未领取的债券利息，这部分款项应作为应收利息处理。

例如，A企业于2006年2月1日以217 300元的价格购入2005年1月1日发行的三年期债券，其债券利息按年收取，于每年2月10日支付，到期收回本金，债券年利率为8%，该债券票面价值为200 000元，另支付相关税费1 000元。A企业购入该债券不准备长期持有。则A企业购入的该项短期投资的初始投资成本为202 300(217 300＋1 000－200 000×8%)元，实际支付的价款中包含的已到付息期但尚未领取的债券利息为16 000(200 000×8%)元，包含的尚未到期的债券利息为1 333.33(16 000÷12)元。购入短期债券实际支付的价款中包含的已到付息期但尚未领取的债券利息作为应收利息处理，包含的尚未到期的债券利息，包括在投资的初始投资成本中。

（三）短期投资的账务处理

短期投资的账务处理包括取得短期投资、收取现金股利或利息、短期投资的期末计价和短期投资的处置等内容。

1．取得短期投资

企业应按照初始投资成本确定短期投资的入账价值，记入“短期投资”科目。

（1）企业以现金购买债券，应按照实际支付的价款，借记“短期投资——债券投资”科目，贷记“银行存款”等科目。如果短期债券投资实际支付的价款中包含已到期尚未领取的债券利息，应按实际支付的价款扣除已到期尚未领取的利息后的差额，借记“短期投资——债券投资”科目，按已到期尚未领取的利息数额，借记“应收利息”科目，按实际支付的价款，贷记“银行存款”等科目。

（2）企业以现金购买股票，应按照实际支付的价款，借记“短期投资——股票投资”科目，贷记“银行存款”等科目。如果短期股票投资实际支付的价款中包含已经宣告而尚未领取的现金股利，应按实际支付的价款扣除已经宣告而尚未领取的现金股利后的差额，借记“短期投资——股票投资”科目，按已经宣告而尚未领取的现金股利数额，借记“应收股利”科目，按实际支付的价款，贷记“银行存款”等科目。

【例 2-1】 某企业于 2006 年 7 月 10 日以银行存款购入 D 公司已宣告但尚未分派现金股利的股票 10 000 股，作为短期投资，每股成交价为 10 元，其中 0.2 元为已宣告但尚未分派的现金股利，股权截止日为 7 月 15 日。另支付相关税费 400 元。企业于 8 月 15 日收到 D 公司发放的现金股利。账务处理如下。

投资成本＝成交价＋税费－已宣告现金股利

＝(10 000×10＋400－2 000)元

＝98 400 元

借：短期投资——股票 D　　98 400

　　应收股利——股票 D　　2 000

　贷：银行存款　　100 400

2．收取现金股利或利息

企业收取短期投资的现金股利或利息，包括以下两部分内容。

（1）取得短期股票投资时实际支付的价款中包含的已宣告但尚未领取的现金股利，或取得短期债券投资时实际支付的价款中包含的已到期尚未领取的利息。它属于企业在购买时暂时垫付的资金，是在投资时所取得的一项债权，应在实际收到时冲减已记录的应收股利或应收利息。

（2）短期投资在持有期间所取得的现金股利或利息。短期投资持有期间所获得的现金股利或利息，在实际收到时应作为初始投资成本的收回，冲减短期投资的账面价值。这主要是基于两点考虑的：第一，企业本年度购入的短期投资所获得的现金股利或利息，通常是由被投资单位上年度及以前年度实现利润的分配，属于投资前被投资单位所产生利润的分配，不属于本期投资所得，应作为初始投资成本的收回，冲减初始投资成本；第二，短期投资持有期间较短，只有处置投资时发生的损益，才是该项投资所产生的真正损益。

【例 2-2】 承例 2-1，该企业于 8 月 15 日收到 D 公司发放的现金股利。账务处理如下。

借：银行存款　　　　　　　　　　　　　　　2 000

　　贷：应收股利　　　　　　　　　　　　　　　2 000

【例 2-3】 某企业于 2006 年 3 月 20 日以银行存款购入 5 000 股 E 企业的股票。2006 年 6 月 4 日 E 企业宣告于 7 月 10 日发放股利，每股派 0.1 元的现金股利。账务处理如下。

借：银行存款　　　　　　　　　　　　　　　500

　　贷：短期投资——股票 E　　　　　　　　　　500

另外，企业持有股票期间所获得的股票股利，不作账务处理，只需在备查簿中登记所增加的股份数。

3．短期投资的期末计价

短期投资的期末计价是指期末短期投资在资产负债表上反映的价值。短期投资的期末计价采用成本与市价孰低法。市价是指在证券市场上挂牌的交易价格，在具体计算时应按期末证券市场上的收盘价格作为市价。

采用成本与市价孰低法计价时，可根据企业的具体情况分别采用按投资总体、投资类别或单项投资计算，并确定计提的跌价准备。相比较而言，企业按投资总体计提的居多。但是如果某项短期投资比较重大(如占整个短期投资 10%或以上)，应以单项投资为基础计算并确定计提的跌价准备。短期投资跌价准备可按下面的公式计算。

$$\text{当期应提取的短期投资跌价准备} = \text{当期市价低于成本的金额} - \text{“短期投资跌价准备”科目的贷方余额}$$

如果当期市价低于成本的金额大于“短期投资跌价准备”科目的贷方余额，应按其差额提取跌价准备；如果当期市价低于成本的金额小于“短期投资跌价准备”科目的贷方余额，应按其差额冲减已计提的跌价准备；如果当期短期投资市价高于成本，则应将已计提的跌价准备全部冲回。

【例 2-4】 某企业 2006 年 9 月 30 日的短期投资成本与市价金额如表 2-1 所示。

表2-1 短期投资成本与市价金额 单位：元

项 目	成 本	市 价	预计跌价
短期投资——股票			
股票A	12 200	10 000	－2 200
股票B	14 000	15 000	1 000
股票C	12 000	11 500	－500
股票D	11 800	12 200	400
小 计	50 000	48 700	－1 300
短期投资——债券			
债券E	100 000	96 000	－4 000
债券F	80 000	82 000	2 000
小 计	180 000	178 000	－2 000
合 计	230 000	226 700	－3 300

① 按单项投资计提跌价准备。

应提跌价准备＝(2 200＋500＋4 000)元＝6 700元

借：投资收益——计提的短期投资跌价准备 6 700

贷：短期投资跌价准备——股票A 2 200

——股票C 500

——债券E 4 000

② 按投资类别计提跌价准备。

股票投资应提跌价准备＝(50 000－48 700)元＝1 300元

债券投资应提跌价准备＝(180 000－178 000)元＝2 000元

借：投资收益 3 300

贷：短期投资跌价准备——股票 1 300

——债券 2 000

③ 按投资总体计提跌价准备。

应提跌价准备＝(230 000－226 700)元＝3 300元

借：投资收益——计提的短期投资跌价准备 3 300

贷：短期投资跌价准备 3 300

4．短期投资的处置

短期投资的处置，主要指短期投资的出售、转让等。处置短期投资时，应按所收到的处置收入与短期投资账面价值的差额确认为当期投资损益。

(1) 短期投资跌价准备的处理。

如果短期投资跌价准备按单项投资计提，由于跌价准备与单项投资有着对应关系，所以处置短期投资时可以同时结转已计提的该项投资的跌价准备。如果企业在处置短期投资时未同时结转已计提的跌价准备，也可以在期末时一并调整。

如果短期投资跌价准备按投资类别或总体计提，由于跌价准备是按各单项投资市价涨跌相抵消后的下跌净额计提的，无法将其分摊至各单项投资，所以处置短期投资时不同时结转已计提的短期投资跌价准备，短期投资跌价准备待期末时再予以调整。

(2) 处置时投资成本的结转。

企业出售短期投资获得的价款，先扣除短期投资账面价值(“短期投资”账户账面余额减去相应的跌价准备后的净额)，再扣除已计入应收项目的现金股利和利息后的余额，作为投资收益或损失，计入当期损益。其成本根据不同情况进行结转。

全部处置某项短期投资时(假设不考虑其短期投资跌价准备)，应按实际收到的金额，借记“银行存款”科目，按出售短期投资的成本，贷记“短期投资”科目，按未领取的现金股利、利息，贷记“应收股利”、“应收利息”科目，按其差额，借记或贷记“投资收益”科目。

【例 2-5】 承例 2-1、例 2-2，企业于 9 月 15 日出售该股票，收到价款 105 000 元存入银行。账务处理如下。

借：银行存款	105 000	
贷：短期投资——股票 D		98 400
投资收益		6 600

部分处置某项短期投资时，应按该项投资的总平均成本确定其处置部分的成本。例如，某企业购买某股票 5 000 股，其投资成本为 30 000 元，每股成本为 6 元，两个月后又购入该种股票 5 000 股，每股成本为 5 元，其投资成本为 25 000 元。假如甲企业出售该股票的 40%，则该种股票出售部分的成本为 22 000((5 000 ×6+5 000×5)×40%)元。

第二节 长期投资

一、长期投资概述

长期投资是指短期投资以外的投资，包括持有时间准备超过一年(不含一年)的各种股权性质的投资、不能变现或不准备随时变现的债券、其他债权投资和其他长期投资。

(一)长期投资与短期投资的区别

长期投资与短期投资既有共性，又有明显的区别。共性在于两者都是为谋求经济利益而对外进行的投资行为，两者的区别主要有以下两个方面。

(1) 投资的目的不同。短期投资主要是利用本企业暂时闲置的资金对外投资，目的在于获取闲置资金收益；而长期投资的目的不仅仅在于谋取投资收益，更主要的在于影响和控制被投资单位，以实现企业的长远发展目标。

(2) 投资持有的时间长短不同。短期投资持有时间一般不超过一年，可以随时变现；长期投资持有时间在一年以上，并且不能或不准备随时变现。

(二)长期投资的分类

长期投资按照投资性质可以分为长期债权投资和长期股权投资。

1. 长期债权投资

长期债权投资又可按照投资对象分为长期债券投资和其他债权投资。长期债券投资是指企业购入的在一年内(不含一年)不能变现或不准备随时变现的债券，如国债、公司债券等。其他债权投资是指除了长期债券投资以外属于债权性质的投资。本书只介绍长期债券投资的核算。

与股票投资相比，债券投资具有如下两个特征。一是债券投资风险小于股票投资，收益比较固定。一般情况下，债券投资可以按照债券票面金额(即面值)和规定的利率收回本息，即使在发行债券企业破产的情况下，债券投资者也具有优先清偿权，可以先于该企业的股票投资者得到清偿。二是债券投资属于债权性质的投资，投资企业通常不能因此而参与发行债券企业的生产经营管理，也无权因此而参与其利润分配。

2. 长期股权投资

长期股权投资包括长期股票投资和其他股权投资。长期股票投资是指企业购入并长期持有其他企业发行的股票。其他股权投资是指除长期股票投资以外的其他股权性质的投资，如企业以货币资金、实物资产或无形资产等投入其他企业，取得该企业一定的股权，或者与其他企业共同出资组成合资企业等。本书只介绍长期股票投资的核算。

(三)长期投资的核算内容

为了核算长期投资业务，企业应设置“长期债权投资”、“长期股权投资”、“投资收益”等科目。

“长期债权投资”科目核算企业购入的在一年内(不含一年)不能变现或不准备随时变现的债券和其他债权投资。

"长期债权投资"科目借方登记长期债权投资取得时的实际成本以及购入的到期还本付息债券按期计提的利息，贷方登记出售或到期收回债券的本息，期末借方余额，反映企业持有的长期债权投资的本息和未摊销的溢折价金额。

企业应在"长期债权投资"科目下设置"债券投资"和"其他债权投资"明细科目，并在"债券投资"明细科目下设置"面值"、"溢折价"和"应计利息"三级明细科目进行明细核算。如果企业购入债券时发生的手续费等相关税费金额较大，还应设置"债券费用"三级明细科目进行核算。企业持有的到期还本付息债券投资的应计利息在"长期债权投资——债券投资(应计利息)"科目核算，不在"应收利息"科目核算。

"长期股权投资"科目核算企业作出的期限在一年以上(不含一年)各种长期股权性质的投资，包括购入的股票和其他股权投资等。

"长期股权投资"科目借方登记长期股权投资取得时的实际成本以及采用权益法核算时在会计期末按被投资企业实现的净利润计算的应分享的份额，贷方登记收回长期股权投资的价值以及采用成本法核算时应收的清算性股利、采用权益法核算时被投资单位宣告分派的现金股利或利润中企业按持股比例计算应享有的份额及会计期末按被投资企业发生的净亏损计算的应分担的份额，期末借方余额，反映企业持有的长期股权投资的账面余额。该科目下应设置"股票投资"、"其他股权投资"明细科目，并在明细科目下按被投资单位设置明细账，进行明细核算。

二、长期债券投资

(一)长期债券投资成本的确定

长期债券投资应以取得时的投资成本作为初始投资成本入账。企业以支付现金方式取得的长期债券投资，应按实际支付的全部价款(包括税金、手续费等相关税费)减去已到付息期但尚未领取的债券利息，作为初始投资成本入账。

取得债券时实际支付的价款中含有的已到付息期但尚未领取的利息，作为应收项目单独核算。企业为取得债券所发生的税金、手续费等相关税费，按以下原则处理：① 所发生的相关税费数额较小的，可直接计入投资收益，不计入初始投资成本；② 所发生的相关税费数额较大的，可采用分次摊销方法在债券的存续期间即债券购入后至到期前的期间于确认相关债券利息收入时摊销，即在计提利息、摊销溢折价时平均摊销，计入投资收益。未摊销的相关费用，应在"长期债权投资——债券投资(债券费用)"科目单独核算。

(二)长期债券投资利息的处理

(1) 长期债券投资应按期计提利息，计提的利息按债券面值以及适用的利率计算，并计入当期投资收益。

如长期债券系采用溢价(折价)方式取得，则在确认长期债券投资利息时，应将按债券面值和适用的利率计算确定的利息减去(加上)当期溢价(折价)摊销额的金额计入当期投资收益。

(2) 持有的到期一次还本付息的债券投资，应计未收利息于确认投资收益时增加投资的账面价值；分期付息、到期还本的债券投资，应计未收利息于确认投资收益时作为应收利息单独核算，不增加投资的账面价值。

(3) 实际收到的分期付息长期债券投资利息，冲减已计的应收利息；实际收到的一次还本付息债券利息，冲减长期债券投资的账面价值。

(三)长期债券投资溢价或折价的确定

企业购入的长期债券，可以分为溢价购入、折价购入和面值购入。溢价或折价购入是由于债券的票面利率与市场利率不等而引起的。

当债券票面利率高于市场利率，表明债券发行单位实际支付的利息将高于市场利率计算的利息，发行单位在发行时按照高于债券票面价值的价格发行，即溢价发行。溢价发行对投资者而言，是为以后多得利息而事先付出的代价。反之，如票面利率低于市场利率，则债券发行单位会折价发行，折价发行是投资者为以后少得利息而事先得到的补偿。

长期债券投资溢价或折价按以下公式计算。

债券投资溢价或折价＝债券初始投资成本－相关费用－应计利息
－债券面值

式中，相关费用是指构成债券初始投资成本的费用；应计利息是指构成债券初始投资成本的债券利息，即实际支付价款中包含的尚未到付息期的债券利息。

(四)长期债券投资的核算

1. 取得债券的核算

企业以现金方式购入长期债券时，按债券面值借记“长期债权投资——债券投资(面值)”账户，按支付的税金、手续费等借记“财务费用”账户，按实际支付的价款中包含已到付息期但尚未领取的债券利息，借记“应收利息”账户，按实际已支付价款中包含的尚未到期的债券利息，借记“长期债权投资——债券投资(应计利息)”(购入到期还本付息债券时)或“应收利息”(购入分期付息、到期还本债券时)账户，按实际支付的价款，贷记“银行存款”账户，按其差额借记或贷记“长期债权投资——债券投资(溢折价)”账户。

2. 债券利息与债券溢折价的摊销

长期债券应按期计提利息。购入到期还本付息的债券，按期计提的利息，记入“长期债权投资——债券投资(应计利息)”账户；购入分期付息、到期还本的债券，已到付息期而应收未收的利息，于确认利息收入时，记入“应收利息”账户。

在债券存续期间确认债券利息收入时，债券的溢价或折价应同时按直线法摊销。企业购入溢价发行的债券，应于每期结账时，按应计的利息，借记“应收利息”账户(或“长期债权投资——债券投资(应计利息)”账户)，按应分摊的溢价金额，贷记“长期债权投资——债券投资(溢折价)”账户，按其差额借记或贷记“投资收益”账户。企业购入折价发行的债券，应于每期结账时，按应计的利息，借记“应收利息”账户(或“长期债权投资——债券投资(应计利息)”账户)，按应分摊的折价金额，借记“长期债权投资——债券投资(溢折价)”账户，按其合计金额贷记“投资收益”账户。

3. 债券出售或收回的核算

出售债券或债券到期收回本息，按收回金额，借记“银行存款”等账户，按债券账面余额贷记“长期债权投资——债券投资(面值、应计利息、溢折价)”账户，对于记入“应收利息”账户的应收利息，应贷记“应收利息”账户，按差额贷记或借记“投资收益”账户。

【例 2-6】 某企业于 2006 年 7 月 1 日购入某公司 2006 年 1 月 1 日发行的三年期债券 80 000 元，实际支付价款 89 500 元，其中，支付经纪人佣金等费用 1 000 元。债券年利率 16%，利息到期一次性支付。

① 购买债券时：

至购买日，债券已发行半年，支付价款中含利息金额为

(80 000×16%×1/2)元＝6 400 元

债券溢价为

(89 500－80 000－1 000－6 400)元＝2 100 元

借：长期债权投资——债券投资(面值)　　80 000

　　　　　　　　——债券投资(应计利息)　　6 400

　　　　　　　　——债券投资(溢折价)　　2 100

　　财务费用　　1 000

　　贷：银行存款　　89 500

② 每年末计提利息和摊销溢折价时：

2006 年末应计利息＝(80 000×16%×1/2)元＝6 400 元

债券溢价 2 100 元在债券存续期内按直线法摊销。

2006 年末应摊销金额＝(2 100÷2.5×1/2)元＝420 元

2006年末的账务处理如下。

借：长期债权投资——债券投资(应计利息)　　6 400
　贷：长期债权投资——债券投资(溢折价)　　420
　　投资收益　　5 980

以后两年每年末应计利息＝(80 000×16%)元＝12 800元

以后两年每年末应摊销溢价金额＝(2 100÷2.5)元＝840元

以后两年每年末均进行如下账务处理。

借：长期债权投资——债券投资(应计利息)　　12 800
　贷：长期债权投资——债券投资(溢折价)　　840
　　投资收益　　11 960

③ 到期收回债券本息时：

借：银行存款　　118 400
　贷：长期债权投资——债券投资(面值)　　80 000
　　——债券投资(应计利息)　　38 400

三、长期股票投资

(一)长期股票投资入账价值的确定

长期股票投资应以取得时的投资成本作为初始投资成本入账。以现金购入的长期股票，应按实际支付的全部价款(包括税金、手续费等相关税费)作为初始投资成本，实际支付的价款中包含已宣告而尚未领取的现金股利的，按实际支付的价款减去已宣告但尚未领取的现金股利后的差额，作为初始投资成本。

(二)长期股票投资的会计核算方法

长期股票投资的会计核算方法有两种：一是成本法，二是权益法。

成本法指投资额按投资成本计价的方法。在成本法下，长期股权投资以取得股权时的成本计价；其次，除了投资企业追加投资、收回投资等情形外，长期股权投资的账面价值保持不变。投资企业确认投资收益仅限于所获得的被投资单位在投资后产生的累积净利润的分配额。

权益法指投资最初以初始投资成本计价，以后根据投资企业享有被投资单位所有者权益份额的变动对投资的账面价值进行调整的方法。在权益法下，长期股权投资的账面价值随着被投资单位所有者权益的变动而变动，包括被投资单位实现的净利润或发生的净亏损，以及其他所有者权益项目的变动。

长期股权投资的核算在什么情况下采用成本法，什么情况下采用权益法，投资企业持股比例很重要，但不是决定因素，起决定因素的是投资企业是否对被投资单位具有控制能力，或是否对被投资单位施加重大影响。

《企业会计制度》及相关会计准则规定，企业对被投资单位无控制、无共同控制且无重大影响的，长期股权投资采用成本法核算；企业对被投资单位具有控制、共同控制或重大影响的，长期股权投资应当采用权益法核算。这里所指的“控制”是指有权决定一个企业的财务和经营政策，并能据以从该企业的经营活动中获取利益；“共同控制”是指按合同约定对某项经济活动所共有的控制；“重大影响”是指对一个企业的财务和经营政策有参与决策的权力，但并不决定这些政策。

通常情况下，企业对其他单位的投资占该单位有表决权资本总额的 20%或以上，或虽对其他单位的投资占该单位有表决权资本总额不足 20%但具有重大影响的，应当采用权益法核算。企业对其他单位的投资占该单位有表决权资本总额的 20%以下，或对其他单位的投资虽占该单位有表决权资本总额的 20%或以上，但不具有重大影响的，应当采用成本法核算。

1. 成本法

长期股票投资采用成本法核算的一般程序如下。

(1) 初始投资或追加投资时，按照初始投资或追加投资后的投资成本作为长期股票投资的账面价值。其会计处理是：照实际支付的价款，借记“长期股权投资——股票投资”科目，贷记“银行存款”等科目；如果实际支付的价款中含有已宣告尚未领取的现金股利，应借记“长期股权投资——股票投资”、“应收股利”科目，贷记“银行存款”等科目。

(2) 股票持有期内应于被投资单位宣告发放现金股利时确认投资收益。企业确认的投资收益，仅限于所获得的被投资单位在接受投资后产生的累积净利润的分配额，所获得的被投资单位宣告分派的现金股利超过上述数额的部分，作为初始投资成本的收回，冲减投资的账面价值。在被投资企业宣告分派现金股利和企业按被投资单位宣告发放的现金股利中属于应当由本企业享有的部分，借记“应收股利”科目，贷记“投资收益”或“长期股权投资——股票投资”科目。实际收到现金股利时，借记“银行存款”科目，贷记“应收股利”科目。

(3) 处置长期股票投资时，按实际取得的价款与长期股票投资账面价值的差额确认为当期投资损益。部分处置某项长期股票投资时，应按该项投资的总平均成本确定其处置部分的成本。假设不考虑长期投资减值准备，其会计处理是：按实际取得的价款，借记“银行存款”等科目，按该股票投资的账面余额，贷记“长期股权投资——股票投资”科目，按尚未领取的现金股利，贷记“应收股利”科目，按其差额，贷记或借记“投资收益”科目。

【例 2-7】 某企业于 2006 年 5 月 10 日以银行存款购买 A 公司的股票 100 000 股作为长期投资，每股买入价为 10 元，每股价格中包含有 0.2 元的已宣告分派的现金股利，另付有关税费 7 000 元。账务处理如下。

初始投资成本＝股票成交金额＋相关税费－已宣告分派的现金股利

＝(100 000×10＋7 000－100 000×0.2)元

＝987 000 元

借：长期股权投资——A 公司　　987 000

　　应收股利　　20 000

　　贷：银行存款　　1 007 000

假定企业于 5 月 20 日收到 A 公司分来的购买该股票时已宣告分派的股利 20 000 元。账务处理如下。

借：银行存款　　20 000

　　贷：应收股利　　20 000

【例 2-8】 某企业于 2006 年 4 月 15 日购入了 B 公司股票 50 000 股，每股价格为 12.12 元，另支付相关税费 3 200 元。企业购入乙公司股份占 B 公司有表决权资本的 3%，并准备长期持有。B 公司于 2006 年 5 月 15 日宣告分派 2005 年度的现金股利，每股 0.2 元。账务处理如下。

① 计算初始投资成本。

初始投资成本＝股票成交金额＋相关税费

＝(50 000×12.12＋ 3 200)元

＝609 200 元

借：长期股权投资——B 公司　　609 200

　　贷：银行存款　　609 200

② 5 月 15 日，B 公司宣告分派现金股利时企业的账务处理如下。

借：应收股利　　10 000

　　贷：长期股权投资——B 公司　　10 000

【例 2-9】 某企业于 2006 年 1 月 1 日以银行存款购入 C 公司 10%的股份，并准备长期持有。初始投资成本 110 000 元，采用成本法核算，C 公司于 2006 年 5 月 2 日宣告分派 2005 年度的现金股利 100 000 元。假设 C 公司 2006 年 1 月 1 日所有者权益合计为 1 200 000 元，其中股本 1 000 000 元，未分配利润为 200 000 元；2006 年实现净利润 400 000 元；2007 年 5 月 1 日宣告分派现金股利 300 000 元。账务处理如下。

① 2006 年 1 月 1 日投资时：

借：长期股权投资—— C 公司　　110 000

　　贷：银行存款　　110 000

② 2006 年 5 月 2 日宣告发放现金股利时：

借：应收股利　　10 000

　　贷：长期股权投资—— C 公司　　10 000

③ 2007 年 5 月 1 日宣告发放现金股利时：

应冲减初始投资成本的金额＝(投资后至本年止被投资单位累积分派的现金股利－投资后至上年止被投资单位累积实现的净损益)×持股比例－已冲减的初始投资成本

＝[(100 000＋300 000－400 000)×10%－10 000] 元

＝－10 000 元

应确认的投资收益＝投资企业当年获得的现金股利－应冲减初始投资成本的金额

＝[300 000×10%－(－10 000)]元

＝40 000 元

借：应收股利　　30 000

　　长期股权投资—— C 公司　　10 000

　　贷：投资收益——股利收入　　40 000

④ 假设上述 C 公司于 2007 年 5 月 1 日分派现金股利是 450 000 元，则

应冲减初始投资成本的金额＝[(100 000＋450 000－400 000)×10%－10 000] 元

＝5 000 元

应确认的投资收益＝(450 000×10%－5 000)元＝40 000 元

借：应收股利　　45 000

　　贷：投资收益——股利收入　　40 000

　　　　长期股权投资—— C 公司　　5 000

【例 2-10】 某企业将持有作为长期投资的 D 公司 15 000 股股票，以每股 10 元的价格卖出，支付相关税费 1 000 元，取得价款 149 000 元，款项已由银行收妥。该长期股票投资账面余额为 140 000 元。账务处理如下。

借：银行存款　　149 000

　　贷：长期股权投资——D 公司　　140 000

　　　　投资收益　　9 000

2．**权益法**

(1) 股权投资差额的处理。

股权投资差额是指采用权益法核算长期股权投资时，投资企业的初始投资成本大于应享有被投资单位所有者权益份额的金额。股权投资差额，即股权投资借方差额。

股权投资借方差额应在一定的期限内平均摊销，摊销金额计入当期的投资收

益。摊销年限的确定依据如下原则：合同规定了投资期限的，按投资期限摊销；合同没有规定投资期限的，按不超过 10 年(含 10 年)的期限摊销。股权投资也可能产生贷方差额，贷方差额应在取得时直接计入资本公积。

【例 2-11】 某企业于 2006 年 1 月 1 日以 500 000 元购入 E 公司股票 40 000 股，占 E 公司普通股的 40%。E 公司 2006 年 1 月 1 日所有者权益合计为 1 000 000 元。假设该企业投资差额应按 10 年摊销。账务处理如下。

① 投资成本与应享有 E 企业股东权益份额之间的差额为

(500 000－1 000 000×40%)元＝100 000 元

借：长期股权投资——E 公司(投资成本)　　400 000

　　长期股权投资——E 公司(股权投资差额)　　100 000

　　贷：银行存款　　500 000

② 摊销股权投资差额时：

借：投资收益——股权投资差额摊销　　10 000

　　贷：长期股权投资——E 公司(股权投资差额)　　10 000

(2) 被投资单位实现净损益的处理。

第一，属于被投资单位当年实现的净利润而影响的所有者权益的变动，投资企业应按持股比例计算应享有的份额，增加长期股权投资的账面价值，并确认为当期投资收益。

第二，被投资单位宣告分派利润或现金股利时，投资企业应按持股比例计算的应分得利润或现金股利，冲减长期股权投资的账面价值(“损益调整”明细科目)；但如投资后被投资单位宣告分派的利润或现金股利属于投资前被投资单位实现净利润的分配额，投资企业应按持股比例计算分得的利润或现金股利，冲减长期股权投资的账面价值(“投资成本”明细科目)。

第三，属于被投资单位当年发生的净亏损而引起的所有者权益的变动，投资企业应按持股比例计算应分担的份额，减少长期股权投资的账面价值，并确认为当期投资损失。

投资企业确认被投资单位发生的净亏损，应以投资账面价值减记至零为限，这里的投资账面价值包括投资成本、损益调整、股权投资差额等。如果以后各期被投资单位实现净利润，投资企业可以按超过之前未确认的亏损分担额后的金额，恢复投资的账面价值。

【例 2-12】 某企业 2006 年 1 月 1 日以现金 900 000 元对 F 公司进行长期投资。企业的投资占 F 公司有表决权资本的 70%，其投资成本与应享有 F 公司所有者权益份额相等。2006 年 F 公司全年实现净利润 550 000 元；2007 年 2 月份宣告分派现金股利 350 000 元；2007 年 F 公司全年净亏损 2 100 000 元；2008 年 F 公司全年实现净利润 850 000 元。假定不考虑相关税费，甲企业的账务处理如下。

① 2006 年 1 月 1 日投资时：

借：长期股权投资——F 公司（投资成本） 900 000

　　贷：银行存款 900 000

② 2006 年 12 月 31 日确认投资收益时：

借：长期股权投资——F 公司（损益调整）（550 000×70%） 385 000

　　贷：投资收益——股权投资收益 385 000

2006 年末“长期股权投资——F 公司”科目的账面余额为

(900 000＋385 000)元＝1 285 000 元

③ 2007 年 2 月宣告分派股利时：

借：应收股利——F 公司（350 000×70%） 245 000

　　贷：长期股权投资——F 公司（损益调整） 245 000

宣告分派股利后，“长期股权投资——F 公司”科目的账面余额为

(1 285 000－245 000)元＝1 040 000 元

④ 2007 年 12 月 31 日确认投资损失时，可减少“长期股权投资——F 公司”的账面余额 1 040 000 元。

借：投资收益——股权投资收益 1 040 000

　　贷：长期股权投资——F 公司（损益调整） 1 040 000

长期股权投资的账面价值减记至零为限，但同时应在备查登记中记录未确认应分担的亏损 430 000(2 100 000×70%－1 040 000)元。2007 年末“长期股权投资——F 公司”科目的账面余额为 0。

⑤ 2008 年 12 月 31 日确认投资收益时：

可恢复“长期股权投资——F 公司”的账面价值为

(850 000×70%－430 000)元＝165 000 元

借：长期股权投资——F 公司（损益调整） 165 000

　　贷：投资收益——股权投资收益 165 000

(3) 处置长期股票投资时的处理。

处置长期股票投资时，所收到的处置收入与长期股权投资账面价值的差额，应在股权转让日确认为投资损益。

【例 2-13】 承例 2-12，企业在 2009 年 1 月 1 日将上述股票全部出售，获得价款 1 200 000 元收存银行。账务处理如下。

借：银行存款 1 200 000

　　贷：长期股权投资——F 公司（投资成本） 900 000

　　　　长期股权投资——F 公司（损益调整） 165 000

　　　　投资收益 135 000

本章小结

投资是指企业为通过分配来增加财富，或为谋求其他利益而将资产让渡给其他单位所获得的另一项资产。按照投资的变现能力及投资目的，投资可分为短期投资和长期投资两类。短期投资持有期间所获得的现金股利或利息，冲减短期投资的账面价值。短期投资只有处置时发生的损益，才是该项投资所产生的真正损益。企业购入的长期债券，在债券存续期间确认债券利息收入时，债券的溢价或折价应同时按直线法摊销。长期股票投资核算采用成本法时，股票持有期内应于被投资单位宣告发放现金股利时确认投资收益。长期股票投资核算采用权益法时，属于被投资单位当年实现的净利润而影响的所有者权益的变动，投资企业应按持股比例计算应享有的份额，增加长期股权投资的账面价值，并确认为当期投资收益；反之，确认为当期投资损失。

复习思考题

一、问答题

1．什么是投资？它有哪些特点？

2．什么是短期投资？它应该符合哪些条件？其入账价值如何确定？

3．短期投资期末应采用什么方法计价？如何进行会计处理？

4．什么是长期投资？同短期投资相比有哪些区别？

5．长期债权投资的成本如何确定？溢折价如何确认和摊销？

6．长期股权投资的入账价值如何确定？成本法和权益法有何区别？

二、实训题

实训 1

目的：练习短期股票投资的核算。

资料：企业于 5 月 1 日从华夏证券交易所购入 A 企业股票 10 000 股，每股市价 14 元，支付相关税费 1 125 元。A 企业 5 月 10 日宣告分派现金股利。每 10 股派 1 元现金股利(假设不含税)，5 月 20 日为股权登记日。5 月 22 日收到 A 企业分派现金股利。6 月 5 日以每股 16 元价格卖出，支付相关税费 1 200 元。

要求：根据上述资料，编制相关的会计分录。

实训 2

目的：练习短期投资期末计价的核算。

资料：某企业期末短期投资按成本与市价孰低法计价。企业 2005 年 12 月 31 日短期投资成本与市价金额如下表所示。

单位：元

短期投资	成　本	市　价	预计收益
股票 A	80 000	76 000	－4 000
股票 B	70 000	72 000	2 000
小　计	15 000	14 700	－2 000

该企业短期投资按单项投资计提跌价准备。“短期投资跌价准备”科目的账面余额为 4 000 元。其中股票 A 为 2 000 元；股票 B 为 2 000 元。

实训 3

目的：练习长期债权投资的核算。

资料：企业 2001 年 1 月 1 日，以 530 000 元的价格购入 2001 年 1 月 1 日发行的五年期债券(到期一次还本付息)，债券年利率 10%，债券面值 500 000 元。并支付手续费等 2 000 元。债券到期，收回投资和利息。

要求：根据上述资料，编制购买债券、摊销溢价及计提利息、债券到期的会计分录。

实训 4

目的：练习长期股权投资的核算。

资料：乙公司 2004 年初以现款购入 K 公司股票 9 000 股作为长期投资，每股买价 10 元。当年 K 公司的税后利润为 200 000 元，决定分配现金股利 180 000 元。

要求：对下面两种情况，采用适当方法分别作出乙公司购入股票及当年年末的有关会计分录。

(1) 假设 B 公司所购股票占 K 公司普通股的 15%。

(2) 假设 B 公司所购股票占 K 公司普通股的 30%。

第三章　长期资产

学习提示

长期资产是那些不准备在一年内变现或使用时间超过一年的资产，包括长期投资、固定资产、无形资产、其他资产等。其中长期投资在上一章我们将它和短期投资并在一起作为对外投资介绍过了，本章不再赘述。固定资产是企业进行生产经营活动的主要劳动资料。无形资产是指企业为生产商品或者提供劳务、出租给他人或为管理目的而持有的、没有实物形态的非货币性长期资产。它们的单位价值大、存续时间长，对企业价值构成和利润的影响是巨大的，因此其核算也是最重要的。

第一节　固定资产概述

一、固定资产的定义

固定资产，是指同时具有下列特征的有形资产：

① 为生产商品、提供劳务、出租或经营管理而持有的；

② 使用年限超过一年；

③ 单位价值较高。

固定资产是企业进行生产经营活动的主要劳动资料。同其他资产相比，固定资产具备以下四个特征。

第一，企业持有固定资产，是生产商品、提供劳务、出租或经营管理的需要，而不像库存商品一样是为了对外出售。这一特征是固定资产区别于库存商品等流动资产的重要标志。

第二，企业使用固定资产的期限较长，使用年限一般超过一年。这一特征表明企业固定资产的收益期超过一年，能在一年以上的时间里为企业创造经济利益，企业为购建固定资产所发生的支出,属于资本性支出而非收益性支出。

第三，企业的固定资产单位价值较高。会计实务中，企业固定资产单位价值的确认标准,可由企业根据不同固定资产的性质和消耗方式，结合本企业的经营管理特点具体确定。

第四，固定资产具有实物形态。这一特征是固定资产区别于无形资产的主要标志。

同时，固定资产必须满足下列条件。

① 与该固定资产有关的经济利益很可能流入企业；

② 固定资产的成本能够可靠地计量。

二、固定资产的分类

企业固定资产种类很多，根据不同的分类标准，可以分成不同的类别。企业应当选择适当的分类标准，将固定资产进行分类，以满足核算和管理的需要。

(一)按经济用途分类

固定资产按经济用途分类，可分为生产用固定资产和非生产用固定资产。

生产用固定资产，是指直接服务于企业生产经营过程的固定资产。非生产用固定资产，是指不直接服务于生产经营过程的固定资产。

按经济用途分类固定资产，可以归类反映企业生产经营用固定资产和非生产经营用固定资产之间的组成变化情况，借以考核和分析企业固定资产管理和利用情况，从而促进固定资产的合理配置，充分发挥其效用。

(二)按使用情况分类

固定资产按使用情况分类，可分为使用中固定资产、未使用固定资产和不需用固定资产。

使用中固定资产，是指正在使用的经营性和非经营性固定资产。由于季节性经营或修理等原因，暂时停止使用的固定资产仍属于企业使用中的固定资产；企业出租给其他单位使用的固定资产以及内部替换使用的固定资产，也属于使用中的固定资产。

未使用固定资产，是指已完工或已购建的尚未交付使用的固定资产以及因进行改建、扩建等原因停止使用的固定资产。如企业购建的尚待安装的固定资产、经营任务变更停止使用的固定资产等。

不需用固定资产，是指本企业多余或不适用，需要调配处理的固定资产。

按使用情况进行分类固定资产，有利于反映企业固定资产的使用情况及其比例关系，便于比较分析固定资产的利用效率，挖掘固定资产的使用潜力，促进固定资产的合理使用，同时也便于企业准确合理地计提固定资产折旧。

(三)按所有权分类

固定资产按所有权分类，可分为自有固定资产和租入固定资产。

自有固定资产是指企业拥有的可供企业自由支配使用的固定资产；租入固定资产是指企业采用租赁方式从其他单位租入的固定资产。

(四)按经济用途和使用情况综合分类

固定资产按经济用途和使用情况综合分类，可分为生产经营用固定资产、非生产经营用固定资产、租出固定资产、不需用固定资产、未使用固定资产、土地、融资租入固定资产。

这里所说的土地，主要是指已经估价单独入账的土地。因征地而支付的补偿费，应计入与土地有关的建筑物价值内，不单独作为土地价值入账。企业取得的土地使用权不能作为固定资产管理。

融资租入固定资产，是指企业采取融资租赁方式租入的固定资产，在租赁期内，应视同自有固定资产进行管理。

按经济用途和使用情况综合分类固定资产，能够反映企业固定资产的用途结构及使用情况，便于加强固定资产的核算与管理。

由于企业的经营性质不同，经营规模有大有小，对于固定资产的分类不可能完全一致，企业可以根据自己的实际情况和经营管理、会计核算的需要进行必要的分类。在实际工作中，企业大多采用综合分类的方式对固定资产进行分类，并据此编制固定资产目录，进行固定资产的核算。

三、固定资产的入账价值

固定资产应按其取得时的成本作为入账价值，取得时的成本包括买价、进口关税等税金、运输和保险等相关费用，以及为使固定资产达到预定可使用状态前所发生的一切合理的、必要的支出。

由于固定资产的来源渠道不同，其价值构成的具体内容也有所差异，固定资产取得时的入账价值应当根据具体情况分别确定。

(1) 购置的不需要经过建造过程即可使用的固定资产，按实际支付的买价、包装费、运输费、安装成本、交纳的有关税金等的总和作为入账价值。

外商投资企业因采购国产设备而收到税务机关退还的增值税款，冲减固定资产的入账价值。

(2) 自行建造的固定资产，按建造该项资产达到预定可使用状态前所发生的全部支出作为入账价值。

(3) 投资者投入的固定资产，按投资各方确认的价值作为入账价值。

(4) 融资租入的固定资产，按租赁开始日租赁资产的原账面价值与最低租赁付款额的现值两者中较低者作为入账价值。

(5) 在原有固定资产的基础上进行改建、扩建的，按原固定资产的账面价值，加上由于改建、扩建而使该项资产达到预定可使用状态前发生的支出，减去改建、扩建过程中发生的变价收入作为入账价值。

(6) 企业接受的债务人以非现金资产抵偿债务方式取得的固定资产，或以应收债权换入的固定资产，按应收债权的账面价值加上应支付的相关税费作为入账价值。涉及补价的，按以下规定确定受让的固定资产的入账价值。

① 收到补价的，按应收债权的账面价值减去补价，加上应支付的相关税费，作为入账价值；

② 支付补价的，按应收债权的账面价值加上支付的补价和应支付的相关税费作为入账价值。

(7) 以非货币性交易换入的固定资产，按换出资产的账面价值加上应支付的相关税费，作为入账价值。涉及补价的，按以下规定确定换入固定资产的入账价值。

① 收到补价的，按换出资产的账面价值加上应确认的收益和应支付的相关税费减去补价后的余额，作为入账价值。

② 支付补价的，按换出资产的账面价值加上应支付的相关税费和补价作为入账价值。

(8) 接受捐赠的固定资产，应按以下规定确定其入账价值。

① 捐赠方提供了有关凭据的，按凭据上标明的金额加上应支付的相关税费，作为入账价值。

② 捐赠方没有提供有关凭据的，按如下方法确定其入账价值：同类或类似固定资产存在活跃市场的，按同类或类似固定资产的市场价格估计的金额，加上应支付的相关税费作为入账价值；同类或类似固定资产不存在活跃市场的，按该接受捐赠的固定资产的预计未来现金流量现值作为入账价值。

③ 如受赠的是使用过的固定资产，按照上述方法确认的价值，减去按该项资产的新旧程度估计的价值损耗后的余额，作为入账价值。

(9) 盘盈的固定资产，按同类或类似固定资产的市场价格，减去按该项资产的新旧程度估计的价值损耗后的余额作为入账价值。

(10) 经批准无偿调入的固定资产，按调出单位的账面价值加上发生的运输费、安装费等相关费用，作为入账价值。

固定资产的入账价值中，还应当包括企业为取得固定资产而交纳的契税、耕地占用税、车辆购置税等相关税费。

四、固定资产的核算内容（账户设置）

为了组织企业固定资产的核算，一般需要设置“固定资产”、“工程物资”、“在建工程”、“累计折旧”、“固定资产清理”等科目来进行反映。

1．“固定资产”账户

“固定资产”账户核算企业固定资产的增减变动和结存情况，反映企业固定资产原始价值。该账户借方登记企业增加固定资产的原始价值，贷方登记企业减少固定资产的原始价值，期末借方余额反映企业现有固定资产原始价值。为了反映固定资产的明细资料，企业应设置固定资产登记簿和固定资产卡片，按固定资产类别、使用部门进行明细核算。对经营租入的固定资产，不通过该账户进行核算，应另设固定资产备查簿进行登记。

2．“工程物资”账户

“工程物资”账户核算企业库存的用于建造或修理本企业固定资产工程项目的各种物资的实际成本，包括为工程准备的材料、尚未安装的设备的实际成本等。该账户借方登记购入工程物资的实际成本，贷方登记领出工程物资的实际成本，期末借方余额，反映企业库存工程物资的实际成本。

3．“在建工程”账户

“在建工程”账户核算企业为建造或修理固定资产而进行的各项建筑工程、安装工程、技术改造工程，包括固定资产新建工程、改扩建工程、大修理工程等所发生的实际支出，以及改扩建工程等转入的固定资产净值。该账户借方登记企业在建造过程中发生的施工和安装支出，包括工程物资、工资费用、安装设备、安装成本、出包工程价款和基建管理费等；贷方登记已验收完工工程的实际成本；期末借方余额反映企业期末尚未完工或虽已完工但尚未办理竣工决算的工程实际支出，以及尚未使用的工程物资的实际成本。该账户应按照工程项目设置明细科目，进行明细分类核算。

4．“累计折旧”账户

“累计折旧”账户核算企业固定资产折旧的增减变化和累计金额，反映企业固定资产的损耗价值。该账户是固定的备抵账户，贷方登记企业按月计提的固定资产折旧额；借方登记企业固定资产减少相应转出的折旧额；期末贷方余额反映企业已提取的固定资产折旧累计数。“累计折旧”账户只进行总分类核算，不进行明细分类核算。需要查明某项固定资产的已提折旧，可以根据固定资产卡片上所记载的该项固定资产原价、折旧率和实际使用年数等资料进行计算。在资产负债表中，累计折旧是作为固定资产的减项单独列示的。

5．“固定资产清理”账户

“固定资产清理”账户核算企业因出售、报废和毁损等原因转入清理的固定资产价值及在清理过程中发生的清理费用和清理收入等。该账户借方登记转入清理的固定资产账面净值和清理过程中所发生的各项清理费用、税金和支出，贷方登记被清理的固定资产已计提的减值准备以及清理过程中产生的各项收入。本科目期末余额反映尚未清理完毕的固定资产的净值以及清理净收入。该账户应按被清理的固定资产设置明细账，进行明细核算。

第二节 固定资产的取得

企业固定资产的取得渠道有多种，有外购、自行建造、投资者投入、融资租入、接受捐赠和盘盈等，企业应就不同来源分别进行会计处理。

一、外购的固定资产

企业出资购入的固定资产，有的购买回来就可以直接投入使用，有的还需要经过安装才可以投入使用。

(一) 购入不需要安装的固定资产

购入不需要安装的固定资产，按买价加上相关税费以及使固定资产达到预定可使用状态前的其他支出作为入账价值，借记“固定资产”科目，贷记“银行存款”等科目。

【例 3-1】 某企业购入一台不需要安装的设备，取得的增值税发票上注明买价为 60 000 元，增值税额为 10 200 元，支付运输费为 2 000 元，设备已投入使用，全部款项已用银行存款付清。企业的账务处理如下。

借：固定资产　　72 200

　贷：银行存款　　72 200

(二) 购入需安装的固定资产

购入需要安装才能交付使用的固定资产，一般应通过“在建工程”科目进行核算。待安装完毕交付使用时，再由“在建工程”科目转入“固定资产”科目。

【例 3-2】 某企业购入一台需要安装的设备，取得的增值税发票上注明买价为 60 000 元，增值税额为 10 200 元，支付运输费为 2 000 元，全部款项已用银行存款付清。设备由企业自行组织安装，领用企业的材料 1 000 元(不含增值税，企业税率 17%)，应支出工程工资 2 000 元，设备已投入使用。企业账务处理如下。

① 购入后投入安装时：

借：在建工程　　　　　　　　　　　　　　　72 200

　　贷：银行存款　　　　　　　　　　　　　　　72 200

② 安装过程中，领用企业的材料 1 000 元，发生工资费用 2 000 元。

借：在建工程　　　　　　　　　　　　　　　3 170

　　贷：材料　　　　　　　　　　　　　　　　　1 000

　　　　应交税金——应交增值税(进项税额转出)　　170

　　　　应付工资　　　　　　　　　　　　　　　2 000

③ 设备安装完毕，达到预定可使用状态，交付使用，确定固定资产。

借：固定资产　　　　　　　　　　　　　　　75 370

　　贷：在建工程　　　　　　　　　　　　　　　75 370

二、自行建造的固定资产

根据生产经营需要，企业可以自行建造固定资产。自行建造完成的固定资产，按建造资产达到预定可使用状态前所发生的必要支出作为入账价值。自行建造的固定资产按其实施的方式不同可分为自营工程和出包工程两种，两种方式在会计核算上都需要通过“在建工程”科目来进行核算；待建造完毕交付使用时，借记“固定资产”科目，贷记“在建工程”科目。

(一) 自营工程

自营工程是指由企业自行组织施工队伍建造的工程。这种方式建造的固定资产从工程物资的采购到工程完工并付使用，都由企业内部的相关部门组织实施，核算相对于出包工程较为复杂。

【例 3-3】 某企业准备自行建造厂房一座，发生如下业务：①购入工程用物资一批，取得的增值税发票上注明买价为 200 000 元，增值税额 34 000 元，款项已用银行存款支付；②工程共计领用工程物资 210 600 元(含增值税 3 060 元)，剩余物资转作企业材料；③领用生产用材料一批，实际成本为 40 000(不含增值税，企业增值税税率为 17%)；④计提的工程人员工资为 60 000 元；计提的职工福利费为 8 400 元；⑤企业辅助生产车间为工程提供有关的劳务支出为 15 000 元；⑥工程完工，达到预定可使用状态，交付使用。企业的账务处理如下。

① 购入工程用物资时：

借：工程物资　　　　　　　　　　　　　　　234 000

　　贷：银行存款　　　　　　　　　　　　　　　234 000

② 工程领用工程物资时：

借：在建工程——厂房　　210 600
　　贷：工程物资　　210 600

③ 工程领用生产用材料时：

借：在建工程——厂房　　46 800
　　贷：材料　　40 000
　　　　应交税金——应交增值税(进项税额转出)　　6 800

④ 计提工程人员工资和职工福利费。

借：在建工程——厂房　　68 400
　　贷：应付工资　　60 000
　　　　应付福利费　　8 400

⑤ 企业辅助生产车间为工程提供劳务支出。

借：在建工程——厂房　　15 000
　　贷：生产成本——辅助生产成本　　15 000

⑥ 工程达到预定可使用状态，经验收交付使用。

借：固定资产　　574 800
　　贷：在建工程　　574 800

⑦ 剩余物资转作企业材料。

借：材料　　20 000
　　应交税金——应交增值税(进项税额)　　3 400
　　贷：工程物资　　23 400

(二) 出包工程

出包工程是小企业委托外部组织进行施工的工程。通过这种方式建造的固定资产，其工程的具体支出都在承包单位核算，"在建工程"科目实际上成为企业与承包单位的结算科目，所以出包工程的会计核算相对于自营工程较为简单。

【例 3-4】 某企业准备采用出包方式建造厂房一座，按合同规定先用银行存款向承包单位预付工程价款 500 000 元。工程完工达到预定可使用状态后，收到承包单位的有关工程结算单据，补付工程款 382 000 元，用银行存款支付。厂房经验收交付使用。企业账务处理如下。

① 预付工程价款时：

借：在建工程　　500 000
　　贷：银行存款　　500 000

② 补付工程款时：

借：在建工程　　382 000

贷：银行存款　　382 000

③ 工程达到预定可使用状态，经验收交付使用。

借：固定资产　　882 000

贷：在建工程　　882 000

三、投资者投入的固定资产

投资者投入的固定资产在办理了固定资产移交手续之后，按投资各方确认的价值加上应支付的相关税费作为固定资产的入账价值，借记“固定资产”科目；按投资各方确认的价值在其注册资本中所占的份额，贷记“实收资本”科目；按两者之间的差额贷记“资本公积”科目；按支付的相关税费贷记“银行存款”、“应交税金”等科目。

【例 3-5】A 企业收到 B 企业投入的固定资产一台。该设备原价 800 000 元，已计提折旧 160 000 元，投资合同确认的价值为 660 000 元，占 A 企业注册资本的 20%。假定 A 企业的注册资本为 300 万元，不考虑其他相关税费。A 企业的账务处理如下。

借：固定资产　　660 000

贷：实收资本　　600 000

资本公积——资本溢价　　60 000

四、接受捐赠的固定资产

企业接受捐赠的固定资产，应按会计规定确认的价值，借记“固定资产”科目；按接受捐赠固定资产税法规定确定的入账价值，借记“待转资产价值——接受捐赠非货币性资产价值”科目；按企业因接受捐赠固定资产支付或应支付的金额，贷记“银行存款”、“应交税金”等科目。

五、盘盈固定资产

企业在财产清查中盘盈的固定资产，在报经批准处理前应先通过“待处理财产损溢”科目核算。企业盘盈固定资产，若同类或类似固定资产存在活跃市场，应按同类或类似固定资产市场价格，减去按该项资产的新旧程度估计的价值损耗后的余额入账，若同类或类似固定资产不存在活跃市场，则按该项固定资产的预计未来现金流量现值入账，借记“固定资产”科目，贷记“待处理财产损溢”科目。盘盈的固定资产报经批准后转入“营业外收入”科目，借记“待处理财产损溢”科目，贷记“营业外收入——固定资产盘盈”科目。如果期末结账前尚未经批准的，在对外提供财务会计报告时先按上述规定处理，并在会计报表附注中说明，其后批准处理的金额与已处理的金额不一致的，调整会计报表相关项目的年初数。

【例 3-6】 企业在固定资产清查过程中，发现未入账的设备一台，按同类或类似固定资产市场价格，减去按该项资产的新旧程度估计的价值损耗后的余额为30 000元。经批准，该盘盈固定资产作为营业外收入处理。企业账务处理如下。

① 盘盈固定资产时：

借：固定资产　　30 000

　　贷：待处理财产损溢——待处理固定资产损溢　　30 000

② 盘盈的固定资产经批准转销时：

借：待处理财产损溢——待处理固定资产损溢　　30 000

　　贷：营业外收入——固定资产盘盈　　30 000

第三节 固定资产的折旧

一、固定资产折旧的概念

固定资产在使用过程中，其价值会逐渐损耗。固定资产损耗的这部分价值，应当在固定资产的使用寿命内进行系统分摊，形成折旧费用，计入各期成本，并在产品销售收入中得到补偿。固定资产的折旧，是指在固定资产使用寿命内，按照确定的方法对应计折旧额进行系统分摊。其中，应计折旧额是指应当计提折旧的固定资产的原价扣除其预计净残值后的金额。

影响企业折旧费用大小的因素主要有以下几点。

① 固定资产原价。

② 固定资产预计净残值。固定资产预计净残值是指假定固定资产预计使用寿命已满并处于使用寿命终了时的预期状态，企业目前从该项资产处置中获得的扣除预计处置费用后的金额。

③ 固定资产使用寿命。固定资产使用寿命是指固定资产预期使用的期限，有些固定资产的使用寿命也可以用该资产所能生产的产品或提供的服务的数量来表示。企业在确定固定资产的使用寿命时，主要应当考虑下列因素：

第一，该资产的预计生产能力或实物产量；

第二，该资产的有形损耗，如设备使用中发生磨损、房屋建筑物受到自然侵蚀等；

第三，该资产的无形损耗，如因新技术的出现而使现有的资产技术水平相对陈旧、市场需求变化使产品过时等；

第四，有关资产使用的法律或者类似的限制。

预计净残值和固定资产使用寿命都有人为估计的因素，因此企业应当根据固定资产的性质和使用情况，合理地确定固定资产的使用寿命和预计净残值，且一经确定后不得随意调整。

二、固定资产折旧的范围

除下列情况外，企业应当对所有固定资产计提折旧。

(1) 已提足折旧仍继续使用的固定资产。

(2) 单独计价入账的土地。

已达到预定可使用状态的固定资产，如果尚未办理竣工决算，应按估计价值暂估入账，并计提折旧。等办理了竣工决算手续后，再按照实际成本调整原来的暂估价，同时调整原已计提的折旧额。

企业一般应按月提取折旧，当月增加的固定资产，当月不提折旧，从下月起计提折旧；当月减少的固定资产，当月照提折旧，从下月起不提折旧。固定资产提足折旧后，不管能否继续使用，均不再提取折旧，所谓提足折旧，是指已经提足该项固定资产应提的折旧总额；提前报废的固定资产，也不再补提折旧。

三、固定资产折旧的方法

固定资产折旧的方法包括年限平均法、工作量法、双倍余额递减法及年数总和法等。企业应当根据固定资产所含经济利益预期实现方式科学合理地选择折旧方法。折旧方法一经选定，不得随意变更。如需变更，应当在会计报表附注中予以说明。

企业对固定资产进行改良后，应当根据调整后的固定资产成本，并根据本企业的使用情况合理地估计折旧年限和净残值，提取折旧。

融资租入的固定资产，应当采用与自有应计折旧固定资产相一致的折旧政策。

(一)年限平均法

年限平均法也称为直线法，是将固定资产的应计折旧额在固定资产整个预计使用年限内平均分摊的折旧方法。采用这种方法计算的每期折旧额是相等的，计算公式如下。

$$年折旧额=\frac{固定资产应计折旧额}{预计使用年限}$$

$$=\frac{固定资产原价-预计净残值}{预计使用年限}$$

$$=\frac{固定资产原价\times(1-预计净残值率)}{预计使用年限}$$

式中：预计净残值率＝固定资产预计净残值/固定资产原价；预计使用年限采用的单位是年。

在实际工作中，固定资产的折旧额是以其折旧率来计算的。折旧率按其计算对象不同，分为个别折旧率、分类折旧率和综合折旧率三种。

1．个别折旧率

个别折旧率是按单项固定资产计算的折旧率。计算公式如下。

$$年折旧率=\frac{1-预计净残值率}{预计使用年限}\times100\%$$

$$月折旧率=年折旧率/12$$

$$月折旧额=固定资产原价\times月折旧率$$

2．分类折旧率

分类折旧率是按各类固定资产分别计算的折旧率。采用这种方法是将性质、结构和使用年限接近的固定资产归为一类，然后按类计算分类折旧率。计算公式如下。

$$某类固定资产年分类折旧率=\frac{该类固定资产年折旧额之和}{该类固定资产原价之和}\times100\%$$

$$某类固定资产月分类折旧率=某类固定资产年分类折旧率/12$$

$$某类固定资产月折旧额=该类固定资产原价之和\times该类固定资产月分类折旧率$$

3．综合折旧率

综合折旧率则是按全部固定资产计算的折旧率。计算公式如下。

$$固定资产年综合折旧率=\frac{各项固定资产年折旧额之和}{各项固定资产原价之和}\times100\%$$

【例 3-7】 某公司有生产用设备一台，原价为 80 000 元，预计使用寿命为 16 年，预计净残值率为 4%。则该设备月折旧额计算如下。

$$年折旧率=\frac{1-4\%}{16}\times100\%=6\%$$

$$月折旧率=6\%/12=0.5\%$$

$$月折旧额=(80\,000\times0.5\%)元=400\ 元$$

(二)工作量法

工作量法，是将固定资产的应计折旧额在固定资产预计总工作量中平均分摊的方法。计算公式如下。

$$单位工作量折旧额=\frac{固定资产原价\times(1-预计净残值率)}{预计总工作量}$$

某项固定资产月折旧额=该项固定资产当月工作量×单位工作量折旧额

式中，预计总工作量可以是小时数、产量数、行驶里程数、工作台班数等。

【例 3-8】 某公司有一辆运输用货车，原价为 80 000 元，预计总的行驶里程为 50 万千米，预计净残值率为 2.5%，本月行驶 6 000 千米。则该货车本月的折旧额计算如下。

单位工作量折旧额=[80 000×(1−2.5%)÷500 000]元=0.156 元

本月折旧额=(6 000×0.156)元=936 元

(三)双倍余额递减法

双倍余额递减法是在不考虑固定资产预计净残值的情况下，根据每年年初固定资产账面净值和双倍的直线法折旧率计算固定资产折旧额的一种方法。采用这种方法，折旧率中没有考虑预计净残值，这样会导致在固定资产预计使用寿命期满时已提折旧额总数超过应计折旧额，即固定资产处置时其账面净值低于预计净残值。解决这个问题的简便做法就是，在固定资产预计使用年限的最后两年，将固定资产账面净值扣除预计净残值后的余额采用直线法在剩余两年内平均分摊，计算公式如下。

$$年折旧率=\frac{2}{预计使用年限}\times100\%$$

月折旧率=年折旧率÷12

月折旧额=固定资产年初账面净值×月折旧率

【例 3-9】 某公司有生产用设备一台，原价为 60 000 元，预计使用寿命为 5 年，预计净残值率为 2%。则该设备每年折旧额计算如表 3-1 所示。

表3-1 双倍余额递减法折旧计算表

使用年份	年初账面净值/元	年折旧率	年折旧额/元	累计折旧额/元	年末账面净值/元
1	60 000	40%	24 000	24 000	36 000
2	36 000	40%	14 400	38 400	21 600
3	21 600	40%	8 640	47 040	12 960
4	12 960	—	5 880	52 920	7 080
5	7 080	—	5 880	58 800	1 200

年折旧率＝2/5×100%＝40%

第4年、第5年折旧额＝[(12 960－60 000×2%)÷2]元＝5 880元

(四)年数总和法

年数总和法又称合计年限法，是将固定资产的原价减去预计净残值后的余额乘以一个以固定资产预计尚可使用寿命为分子，以预计使用寿命逐年数字之和为分母的逐年递减的分数计算每年的折旧额。计算公式如下。

$$年折旧率=\frac{尚可使用寿命}{预计使用寿命的年数总和}\times 100\%$$

月折旧率＝年折旧率/12

月折旧额＝(固定资产原价－预计净残值)×月折旧率

＝应计折旧总额×月折旧率

【例3-10】 承例3-9，采用年数总和法计算，该设备每年折旧额计算如表3-2所示。

表3-2　年数总和法折旧计算表

使用年份	应计折旧总额/元	年折旧率	年折旧额/元	累计折旧额/元	年末账面净值/元
1	58 800	5/15	19 600	19 600	36 000
2	58 800	4/15	15 680	35 280	21 600
3	58 800	3/15	11 760	47 040	12 960
4	58 800	2/15	7 840	54 880	7 080
5	58 800	1/15	3 920	58 800	1 200

四、提取折旧的会计处理

企业计提的固定资产折旧应根据固定资产的使用地点和用途，分别计入相关资产的生产成本或当期费用。对于生产车间固定资产计提的折旧，记入“制造费用”科目；行政管理部门固定资产计提的折旧，记入“管理费用”科目；销售部门固定资产计提的折旧，记入“营业费用”科目；经营租赁租出固定资产计提的折旧，记入“其他业务支出”科目。同时贷记“累计折旧”科目。

实际工作中，企业计提固定折旧是通过编制“固定资产折旧计算表”进行的。“固定资产折旧计算表”通常以月初可计提折旧固定资产的账面原价为依据，计算当月的固定资产应计折旧额。

【例3-11】 某企业2005年12月份的“固定资产折旧计算表”如表3-3所示。

表3-3 固定资产折旧计算表 2005年12月

固定资产使用部门	固定资产类别	月初应计折旧的固定资产原值/元	月分类折旧率/(%)	月折旧额/元
生产车间	房屋建筑物	2 000 000	0.5	10 000
	机器设备	3 000 000	0.7	21 000
	小计	5 000 000	—	31 000
管理部门	房屋建筑物	1 500 000	0.5	7 500
	其他固定资产	500 000	0.3	1 500
	小计	2 000 000	—	9 000
出租机器设备		1 000 000	0.8	8 000
合　计		8 000 000	—	48 000

根据上述固定资产折旧计算表，有关会计处理如下。

借：制造费用　　31 000
　　管理费用　　9 000
　　其他业务支出　　8 000
　　贷：累计折旧　　48 000

第四节　固定资产的后续支出

固定资产的后续支出是指固定资产确认后发生的维护、改扩建、改良等支出。对于固定资产后续支出的会计处理有两种方式：一是资本化，将发生的后续支出计入固定资产的账面价值；二是费用化，后续支出于发生时一次性计入当期费用。

一、资本化的后续支出

与固定资产有关的后续支出，如果使可能流入企业的经济利益超过了原先的估计，如延长了固定资产的使用寿命，或者使产品质量有实质性提高，或者使产品成本有实质性降低，则应当计入固定资产账面价值，其增计后的金额不应超过该固定资产的可收回金额。

固定资产发生的可资本化的后续支出，要通过“在建工程”科目核算。

【例 3-12】 某企业有关业务资料如下：2000 年 12 月投入使用一条生产线，

原价为 620 000 元，采用年限平均法计提折旧，预计净残值为 20 000 元，预计使用年限为 6 年。2003 年 1 月 1 日，决定对该生产线进行改扩建，以大幅度提高其生产能力。2003 年 3 月 31 日，改扩建工程完工。共发生支出 240 000 元，全部以银行存款支付。该生产线达到预定可使用状态后，大大提高了生产能力，预计的使用年限也延长了 4 年。假定改扩建后的生产线的预计净残值为改扩建后固定资产账面价值的 7%，仍采用年限平均法计提折旧。假定整个过程不考虑相关税费，按年度计提固定资产折旧。则企业的账务处理如下。

① 2001 年和 2002 年，分别计提每年固定资产折旧。

借：制造费用　　100 000

　贷：累计折旧　　100 000

② 2003 年 1 月 1 日，生产线转入改扩建。

借：在建工程　　420 000

　累计折旧　　200 000

　贷：固定资产　　620 000

③ 2003 年 1 月 1 日到 3 月 31 日，发生固定资产后续支出。

借：在建工程　　240 000

　贷：银行存款　　240 000

④ 2003 年 3 月 31 日，改扩建工程达到预定可使用状态。

借：固定资产　　660 000

　贷：在建工程　　660 000

⑤ 2003 年 12 月 31 日，计提本年固定资产折旧。

借：制造费用　　65 000

　贷：累计折旧　　65 000

⑥ 2004 年至 2010 年，每年计提固定资产折旧。

借：制造费用　　79 200

　贷：累计折旧　　79 200

二、费用化的后续支出

与固定资产有关的后续支出，如果没有导致固定资产性能的改变或固定资产未来经济利益的增加，应在发生时一次性直接计入当期费用。

【例 3-13】 某企业管理部门委托汽车修理厂对其汽车进行修理，支付修理费 2 000 元，用银行存款转账支付。企业账务处理如下。

借：管理费用　　2 000

　贷：银行存款　　2 000

在具体会计实务中，对于固定资产发生的下列各项后续支出，通常的处理方法如下。

(1) 固定资产修理费用，应当直接计入当期费用。

(2) 固定资产改良支出，应当计入固定资产账面价值。其增计后的金额不应超过该固定资产的可收回金额。

(3) 如果不能区分是固定资产修理还是固定资产改良，或固定资产修理和固定资产改良结合在一起，则企业应予判断：与固定资产有关的，如果使可能流入企业的经济利益超过了原先的估计，则后续支出应当计入固定资产账面价值，其增计后的金额不应超过该固定资产的可收回金额；否则，后续支出就当确认为当期费用。

(4) 固定资产装修费用，如果使可能流入企业的经济利益超过了原先的估计，则后续支出应当计入固定资产账面价值，其增计后的金额不应超过该固定资产的可收回金额，并在“固定资产”科目下单设“固定资产装修”明细科目核算，在两次装修期间与固定资产尚可使用年限两者中较短的期限内，采用合理的方法单独计提折旧。

(5) 与融资租赁固定资产有关的后续支出，比照上述原则进行处理。发生的固定资产装修费用，符合上述原则可以资本化的，应在两次装修期间、剩余租赁期与租赁固定资产尚可使用年限三者中较短的期限内采用合理的方法单独计提折旧。

(6) 经营租赁方式租入的固定资产发生的改良支出，应在“长期待摊费用——经营租入固定资产改良”科目核算，并在剩余租赁期与租赁固定资产尚可使用年限两者中较短的期限内，采用合理的方法摊销。

第五节　固定资产的处置

企业在生产经营过程中，对那些不适用或不需用的固定资产，可以通过投资转出、对外出售、交换或捐赠等方式进行处置；对那些由于使用而不断磨损直到最终报废，或由于遭受自然灾害等非正常损失发生毁损的固定资产应及时进行清理。

固定资产处置一般通过“固定资产清理”科目进行核算。

一、出售、报废和毁损的固定资产

企业发生出售、报废或毁损的固定资产业务时，其会计核算一般经过如下几个步骤。

1．固定资产转入清理的处理

由于出售、报废和毁损等原因而减少的固定资产，按减少的固定资产账面净值，借记“固定资产清理”科目，按已提的累计折旧，借记“累计折旧”科目，按固定资产原价，贷记“固定资产”科目。

2．发生清理费用的处理

固定资产清理过程中发生的费用以及应交的税金，借记“固定资产清理”科目，贷记“银行存款”、“应交税金”等科目。

3．出售收入和残料等的处理

企业收回出售固定资产的价款、残料价值和变价收入等，应冲减清理支出。按实际收到的出售价款以及残料变价收入等借记“银行存款”、“原材料”等科目，贷记“固定资产清理”科目。

4．保险赔偿的处理

企业计算或收到的应当由保险公司或过失人赔偿的损失时，应冲减清理支出。借记“其他应收款”、“银行存款”等科目，贷记“固定资产清理”科目。

5．清理净损益的处理

企业于生产经营期间产生的固定资产清理净收益，应借记“固定资产清理”科目，贷记“营业外收入”科目；生产经营期间产生的固定资产清理净损失，应借记“营业外支出”科目，贷记“固定资产清理”科目。

【例 3-14】 企业将一幢办公楼以 600 000 元的价格出售，该办公楼原价为 1 000 000 元，已提折旧 500 000 元。按税法规定，企业销售不动产应缴纳 5%的营业税(其他税金不予考虑)。有关会计处理如下。

① 将办公楼转入出售时：

借：固定资产清理　　500 000
　　累计折旧　　500 000
　　贷：固定资产　　1 000 000

② 收取出售价款时：

借：银行存款　　600 000
　　贷：固定资产清理　　600 000

③ 结转应交的营业税时：

借：固定资产清理　　30 000
　　贷：应交税金——应交营业税　　30 000

④ 结转出售办公楼净收益时：

借：固定资产清理　　70 000
　　贷：营业外收入　　70 000

【例 3-15】 企业有一辆货车，原价为 80 000 元，已提折旧 33 000 元，因交通事故而报废。发生清理费为 800 元，出售残料为 1 200 元，根据事故原因决定由驾驶员赔偿 5 000 元，由保险公司赔偿 12 000 元，有关会计处理如下。

① 将货车转入清理时：

借：固定资产清理　　47 000
　　累计折旧　　33 000
　　贷：固定资产　　80 000

② 支付清理费时：

借：固定资产清理　　800
　　贷：现金　　800

③ 出售残料时：

借：银行存款　　1 200
　　贷：固定资产清理　　1 200

④ 收到赔偿款项时：

借：银行存款　　17 000
　　贷：固定资产清理　　17 000

⑤ 结转清理净损失时：

借：营业外支出——处置固定资产净损失　　29 600
　　贷：固定资产清理　　29 600

二、捐赠转出的固定资产

企业捐赠转出的固定资产通过“固定资产清理”科目进行核算。

固定资产捐赠转出时，应按固定资产净值，借记“固定资产清理”科目，按该项固定资产已提的折旧，借记“累计折旧”科目，按固定资产的账面原价，贷记“固定资产”科目；按捐赠转出的固定资产应支付的相关税费，借记“固定资产清理”科目，贷记“银行存款”等科目；按“固定资产清理”科目的余额，借记“营业外支出”科目，贷记“固定资产清理”科目。

【例 3-16】 企业将一台账面原值为 50 000 元，已提折旧为 21 000 元的设备捐赠给另一单位，捐出时支付运杂费 500 元，企业账务处理如下。

① 捐赠资产转清理时：

借：固定资产清理　　29 000
　　累计折旧　　21 000
　　贷：固定资产　　50 000

② 发生清理费用时：

借：固定资产清理 500

贷：现金 500

③ 结转清理支出时：

借：营业外支出——捐赠支出 29 500

贷：固定资产清理 29 500

三、盘亏的固定资产

企业盘亏的固定资产应先通过“待处理财产损溢”科目核算，报经批准转销时，再转入“营业外支出”科目。企业发生固定资产盘亏时，按盘亏固定资产的账面价值，借记“待处理财产损溢”科目，按已提折旧，借记“累计折旧”科目，按固定资产的原价，贷记“固定资产”科目。盘亏的固定资产报经批准转销时，借记“营业外支出——固定资产盘亏”科目，贷记“待处理财产损溢”科目。如果期末结账前尚未经批准的，在对外提供财务会计报告时先按上述规定处理，并在会计报表附注中说明；其后批准处理的金额与已处理的金额不一致的，调整会计报表相关项目的年初数。

【例 3-17】 企业在年度财产清查中盘亏设备一台，其账面原价为 60 000 元，已提折旧为 26 000 元。账务处理如下。

① 盘亏固定资产时：

借：待处理财产损溢——待处理固定资产损溢 34 000

累计折旧 26 000

贷：固定资产 60 000

② 报经批准转销时：

借：营业外支出——固定资产盘亏 34 000

贷：待处理财产损溢——待处理固定资产损溢 34 000

第六节 无形资产

一、无形资产概述

(一) 无形资产的概念和特征

无形资产是指企业为生产商品或者提供劳务、出租给他人或为管理目的而持有的、没有实物形态的非货币性长期资产。无形资产具有以下主要特征。

第一，不具有实物形态。无形资产不像固定资产、存货等有形资产具有实物形体，但一般都具有较高的价值。它所体现的是一种权利或获得超额利润的能力，没有实物形态，但却具有价值，或者能使企业获得高于同行业一般水平的赢利能力。不具有实物形态是无形资产区别于其他资产的显著标志。

第二，能在较长的时期内使企业获得经济利益，因而属于非货币性长期资产。无形资产能在多个生产经营期内使用，使企业长期受益，因而属于一项长期资产，其价值将在各个受益期间逐渐摊销。

第三，持有的目的是使用而不是出售。

第四，能够给企业提供未来经济利益的大小具有较大的不确定性。无形资产的经济价值在很大程度上受企业外部因素的影响，其预期的获利能力不能准确地加以确定。如专利权、非专利技术等无形资产，虽能在一定时期给企业带来经济利益，但随着市场竞争和高新技术的不断涌现，往往会被新的技术淘汰，所以，很难预计无形资产能为企业创造的收益额。

无形资产只有在满足以下条件时，企业才能加以确认：①该资产为企业获得的经济利益很可能流入企业；②该资产的成本能够可靠地计量。

(二)无形资产核算的内容

无形资产可分为可辨认无形资产和不可辨认无形资产。可辨认的无形资产包括专利权、非专利技术、商标权、著作权、土地使用权、特许权等；不可辨认无形资产是指商誉。

1. 专利权

专利权是指国家专利主管机关依法授予专利申请人对其发明创造在法定期限内所享有的专有权利，包括发明专利权、实用新型专利权和外观设计专利权。我国专利法明确给予持有者独家使用或控制某项发明的特殊权利。但专利权并不一定能给持有者带来经济效益，如有的专利可能会被其他更有经济价值的专利所淘汰。因此，只有从外单位购入的专利或自行开发并按法律程序申请取得的能够给企业带来较大经济价值，并且企业为此花费了支出的专利权，才能作为无形资产核算。

2. 非专利技术

非专利技术也称为专有技术，是指不为外界所知、在生产经营活动中已采用了的、不享有法律保护的各种技术和经验。它的主要内容包括：工业专有技术，即在生产上已经采用，仅限于少数人知道，不享有专利权或发明权的生产、装配、修理、工艺或加工方法的技术知识；商业(贸易)专有技术，即具有保密性质的市场情报、原材料价格情报以及用户、竞争对象的情况和有关知识；管理专有技术，即生产组织的经营方式、管理方式、培训职工方法等保密知识。非专利技术并不是专利法的保护对象，专有技术所有人依靠自我保密的方式来维持其独占权，可以用于转让和投资。非专利技术具有经济性、机密性和动态性等特点。

企业的非专利技术有自己开发研究的，有根据合同规定从外部购入的。如果是企业自己开发研究的，由于其研究可能成功，也可能失败，对其所发生的研究开发费用等，出于谨慎考虑，应将其全部计入当期损益，不作为无形资产核算。对于从外部购入的非专利技术，应将实际发生的支出予以资本化，作为无形资产入账。

3. 商标权

商标是用来辨认特定的商品或劳务的标记。商标权是指专门在某类指定的商品或产品上使用特定的名称或图案的权利。商标经过注册登记，就获得了法律上的保护。我国商标法明确规定，经商标局核准注册的商标为注册商标，商标注册人享有商标专用权，受法律的保护。

商标权的内容包括独占使用权和禁止使用权两个方面。独占使用权，是指商标权享有人在商标注册的范围内独家使用其商标的权利，这种权利是商标权具有独占性的法律表现。禁止使用权，是指商标权享有人排除和禁止他人对商标独占使用权进行侵犯的权利。商标的价值在于企业有特别商标名称的优质商品，成功地取得了广大消费者的信任。取得信誉卓著的商标权的商品往往能使企业赢得大量客户。一般来说，有知名商标的优质商品比没有商标的商品或商标不著名的商品能以较高的价格出售。我国商标法规定，商标权的有效使用期限为10年，期满前可继续申请延长注册期。

企业自创的商标并将其注册登记，所花费用一般不大，是否将其资本化并不重要。能够给拥有者带来获利能力的商标，往往是通过多年的广告宣传和其他传播商标名称的手段，以及客户的信赖等树立起来的。广告费一般不作为商标权的成本入账，而是在发生时直接计入当期损益。企业购买他人的商标，一次性支出费用较大的，可以将其作为无形资产管理。这时，应根据购入商标的买价、支付的手续费及有关费用记账。

4. 著作权

著作权又称为版权，是指著作权人对其创作的文学、科学和艺术作品依法享有的某种特殊权利。著作权包括发表权、署名权、修改权、保护作品完整权、使用权和获得报酬权等。这里所说的著作还应包括工程设计、产品设计图纸及其说明、计算机软件等。

5. 土地使用权

土地使用权是指国家准许某一企业或单位在一定期间内对国有土地享有开

发、利用、经营的权利。我国土地实行公有制，国有土地可以依法确定给企业单位等使用，国有土地和集体单位所有的土地的使用权可以依法转让。企业取得土地使用权的情况有所不同。有的土地取得使用权时企业可能不花任何代价，如企业拥有的并未入账的土地使用权，企业对于这样的土地使用权不能作为无形资产入账核算。有的土地是企业花费了一定的代价取得的，在这种情况下，应将取得时发生的支出作为无形资产核算。企业花费代价取得土地有两种可能，一种是向政府土地管理部门申请土地使用权支付的土地出让金，应将其资本化，作为无形资产核算；另一种是企业原先通过行政划拨方式获得未入账核算的，在将土地使用权有偿转让、出租、抵押、作价入股和投资时，应将按规定补交的土地出让金予以资本化，作为无形资产入账核算。

6. 特许权

特许权又称经营特许权、专营权，是指企业在某一地区经营或销售某种特定商品的权利或是一家企业接受另一家企业使用其商标、商号、技术秘密等的权利。前者一般是指政府机关授权、准许企业使用或在一定地区享有经营某种业务的特权，如水、电、邮电通信等专营权，烟草专卖权等；后者指企业间依照签订的合同，有限期或无限期使用另一家企业的某些权利，如连锁店分店使用总店的名称等。只有支付了费用取得的特许权才能作为无形资产入账。

7. 商誉

商誉通常是指一家企业由于所处地理位置优越，或由于信誉好而获得了客户信任，或由于组织得当，生产经营效益好，或由于历史悠久，积累了丰富的从事本行业的经验，或者由于技术先进、掌握了生产的诀窍等原因而形成的无形价值。这种无形价值具体表现在一家企业的获利能力超过了一般企业。商誉的特点可概括为两点：一是商誉与作为整体的企业有关，因而它不能单独存在，也不能与企业的可辨认的各种资产分开来出售；二是对有助于形成商誉的各种因素不能以任何方法或公式进行单独计价，它们的价值只有在把企业作为一个整体来看待时才能按总额加以确定。只有通过购买另一个企业所拥有的商誉，才能作为无形资产入账。

(三) 无形资产入账价值的确定

企业的无形资产在取得时，应按实际成本计量。

(1) 购入的无形资产，按实际支付的价款作为实际成本。

(2) 投资者投入的无形资产，按投资各方确认的价值作为实际成本。但是，为首次发行股票而接受投资者投入的无形资产，应按该无形资产在投资方的账面价值作为实际成本。

(3) 接受捐赠的无形资产，应按以下规定确定其实际成本：捐赠方提供了有关凭据的，按凭据上标明的金额加上应支付的相关税费，作为实际成本；捐赠方没有提供有关凭据的，按如下方法确定其实际成本：①同类或类似无形资产存在活跃市场的，按同类或类似无形资产的市场价格估计的金额，加上应支付的相关税费，作为实际成本；②同类或类似无形资产不存在活跃市场的，按该接受捐赠的无形资产的预计未来现金流量现值，作为实际成本。

(4) 自行开发并按法律程序申请取得的无形资产，按依法取得时发生的注册费、聘请律师费等费用，作为无形资产的实际成本。在研究与开发过程中发生的材料费用、直接参与开发人员的工资及福利费、开发过程中发生的租金、借款费用等，直接计入当期损益。

二、无形资产的核算

为了核算无形资产的取得、摊销和转让等情况，企业应设置“无形资产”科目。该科目借方登记取得无形资产的实际成本，贷方登记无形资产的摊销成本以及出售无形资产转出的无形资产账面余额，期末借方余额反映企业已入账但尚未摊销的无形资产的摊余价值。该科目应按无形资产类别设置明细账，进行明细核算。

(一) 无形资产的取得

企业取得无形资产的主要方式有购入、自行开发和投资者投入等。

1. 购入的无形资产

企业购入无形资产时，借记“无形资产”科目，贷记“银行存款”等科目。

【例 3-18】 某企业购进一项非专利技术，支付的买价和有关费用合计 500 000 元，以银行存款支付。应编制如下会计分录。

借：无形资产——非专利技术　　500 000

　　贷：银行存款　　500 000

【例 3-19】 某企业购入一块土地的使用权，以银行存款转账支付 1 200 000 元，并于当日开始建造加工厂等工程。应编制如下会计分录。

① 支付转让价款时：

借：无形资产——土地使用权　　1 200 000

　　贷：银行存款　　1 200 000

② 转入开发时：

借：在建工程　　1 200 000

　　贷：无形资产——土地使用权　　1 200 000

2. 自行开发的无形资产

企业自行开发并按法律程序申请取得的无形资产，按依法取得时发生的注册费、聘请律师费等费用，作为实际成本，借记“无形资产”科目，贷记“银行存款”等科目。

3. 接受投资者投入的无形资产

企业接受投资者以无形资产进行的投资时，借记“无形资产”科目，贷记“实收资本”或“股本”科目。

【例 3-20】 甲企业接受 A 企业以一项专利权作价投资，投资双方确认的价值为 210 000 元。应编制如下会计分录。

借：无形资产——专利权　　210 000

　　贷：实收资本——A 企业　　210 000

4. 接受捐赠的无形资产

接受捐赠的无形资产，应按会计规定确定的入账价值，借记“无形资产”科目，按接受捐赠无形资产按税法规定确定的入账价值，贷记“待转资产价值——接受捐赠非货币性资产价值”科目，按企业因接受捐赠无形资产支付或应付的金额，贷记“银行存款”、“应交税金”等科目。

按照税法规定，企业接受捐赠的无形资产，应将按税法规定确定的入账价值确认为捐赠收入，并入当期应纳税所得额，计算缴纳所得税。企业取得的无形资产捐赠收入金额较大，并入一个纳税年度缴税确有困难的，经主管税务机关审核确认，可以在不超过 5 年的期间内均匀计入各年度应纳税所得额。

【例 3-21】 某企业接受外单位捐赠的专利权一项，捐赠方提供的有关凭据标明其价值为 200 000 元，假设该企业未发生其他相关税费。应编制如下会计分录。

借：无形资产——专利权　　200 000

　　贷：待转资产价值——接受捐赠非货币性资产价值　　200 000

【例 3-22】 某企业自行研究、开发一项技术，经申请获得专利权。企业在申请获得该项专利时，支付律师费为 6 000 元，注册费为 2 000 元。企业在取得该项专利权时，应编制如下会计分录。

借：无形资产——专利权　　8 000

　　贷：银行存款　　8 000

(二) 无形资产的摊销

无形资产属于企业的长期资产，能在较长的时间里给企业带来经济利益。但无形资产通常也有一定的有效期限，它所具有的价值的权利或特权总会终结或消失，因此，企业应将入账的无形资产在一定年限内摊销。

无形资产的成本，应当自取得当月起在预计使用年限内分期平均摊销，处置无形资产的当月不再摊销。摊销方法一般采用直线法。如果预计使用年限超过了相关合同规定的受益年限或法律规定的有效年限，该无形资产的摊销年限按如下原则确定。

(1) 合同规定了受益年限但法律没有规定有效年限的，摊销年限不应超过合同规定的受益年限。

(2) 合同没有规定受益年限但法律规定了有效年限的，摊销年限不应超过法律规定的有效年限。

(3) 合同规定了受益年限，法律也规定了有效年限的，摊销年限不应超过受益年限和有效年限两者之中较短者。合同没有规定受益年限，法律也没有规定有效年限的，摊销年限不应超过 10 年。

无形资产的摊销年限一经确定，不得任意变更。

企业自用的无形资产，其摊销的无形资产价值应当计入当期管理费用；出租的无形资产(即转让无形资产使用权），相关的无形资产摊销价值应当计入其他业务支出；“无形资产”账户的期末余额，为无形资产的摊余价值。

【例 3-23】 某企业购买了一项商标权，入账价值为 240 000 元，合同规定受益年限为 10 年，企业每月应摊销 2 000(240 000÷10÷12)元。该企业每月摊销时，应编制如下会计分录。

借：管理费用——无形资产摊销	2 000	
贷：无形资产——商标权		2 000

(三) 无形资产的处置和报废

企业所拥有的无形资产，可以依法处置。企业处置无形资产的方式有两种：一是转让其所有权，二是转让其使用权。两者的会计处理有所区别。

1. 转让无形资产所有权

无形资产所有权的转让即出售无形资产。此时按实际取得的出售收入，借记“银行存款”科目，按无形资产账面余额，贷记“无形资产”科目，按支付的相关税费，贷记“银行存款”、“应交税金”等科目，按其差额，贷记“营业外收入——出售无形资产收益”科目或借记“营业外支出——出售无形资产损失”科目。

【例 3-24】 某企业将其购买的一项专利权出售给 B 企业，该专利权的账面原价为 30 000 元，已摊销 12 000 元，实际取得的出售收入为 50 000 元，款项已存入银行，出售无形资产的营业税率为 5%(假设不考虑城市维护建设税和教育费附加)。该企业应编制如下会计分录。

借：银行存款　　50 000
　贷：无形资产——专利权　　18 000
　　应交税金——应交营业税　　2 500
　　营业外收入——出售无形资产收益　　29 500

2. 转让无形资产使用权

无形资产使用权的转让仅仅是将部分使用权让渡给其他单位或个人，出让方仍保留对该项无形资产的所有权，因而仍拥有对其使用、收益和处置的权利。受让方只能取得无形资产的使用权，在合同规定的范围内合理使用而无权转让。在转让无形资产使用权的情况下，由于转让企业仍拥有无形资产的所有权，因此，不应注销无形资产的账面摊余价值，转让取得的收入计入其他业务收入，摊销无形资产成本并发生与转让有关的各种费用支出，计入其他业务支出。企业出租无形资产所取得的租金收入，借记“银行存款”等科目，贷记“其他业务收入”等科目；摊销无形资产成本并发生与转让有关的各种费用支出，借记“其他业务支出”科目，贷记“银行存款”等科目。

【例 3-25】 某企业将某专利权出租给 C 企业，每年获取租金收入 1 000 元，应交的营业税为 50 元。该专利权的账面余额为 2 000 元，剩余摊销年限为 4 年。账务处理如下。

① 收取租金时：

借：银行存款　　1 000
　贷：其他业务收入　　1 000

② 摊销无形资产成本并计算应交的营业税时：

借：其他业务支出　　550
　贷：无形资产——专利权　　500
　　应交税金——应交营业税　　50

3. 无形资产报废

如果无形资产预期不能为企业带来经济利益时，企业应将该无形资产的账面价值予以转销。当无形资产存在下列一项或若干项情况时，应将该无形资产的账面价值全部转入当期损益：①该无形资产已被其他新技术等所替代，且已不能为企业带来经济利益；②该无形资产已不再受法律的保护，且不能为企业带来经济利益。

企业转销某项无形资产时，应按该无形资产的账面价值全部转入当期损益，借记“管理费用”等科目，贷记“无形资产”科目。

第七节 其他资产

其他资产是指不能包括在流动资产、长期投资、固定资产、无形资产等以内的资产，主要包括长期待摊费用和其他长期资产。

一、长期待摊费用

长期待摊费用是指企业已经支出，但摊销期限在一年以上(不含一年)的各项费用。如开办费、经营租入固定资产改良支出、固定资产大修理支出、股票发行费等。应当由本期负担的借款利息、租金等，不得作为长期待摊费用处理。长期待摊费用应当单独核算，在费用项目的受益期限内分期平均摊销。

除购置和建造固定资产以外，所有筹建期间所发生的费用，包括人员工资、办公费、培训费、差旅费、印刷费、注册登记费以及不计入固定资产价值的借款费用等，应先在长期待摊费用中归集，待企业开始生产经营的当月起一次计入开始生产经营当月的损益，借记“管理费用”科目，贷记“长期待摊费用”科目。

如果长期待摊费用的项目不能使以后会计期间受益的，应当将尚未摊销的该项目的摊余价值全部转入当期损益。

企业发生的长期待摊费用，应按实际发生的金额，借记“长期待摊费用”科目，贷记有关科目。摊销时，按每期应摊销的金额，借记“制造费用”、“营业费用”、“管理费用”等科目，贷记“长期待摊费用”科目。

【例 3-26】 某小企业在筹建期间共发生各种开办费用 300 000 元，其中，以银行存款支付办公费 60 000 元、差旅费 30 000 元、职工培训费 90 000 元、注册登记费 5 000 元、其他费用 23 800 元，应付筹建人员工资 80 000 元，应付福利费 11 200 元，该企业于 2006 年 9 月 1 日起开始生产经营。账务处理如下。

① 筹建期间内发生各种开办费用时：

借：长期待摊费用——开办费　　300 000
　　贷：银行存款　　208 800
　　　　应付工资　　80 000
　　　　应付福利费　　11 200

② 2006 年 9 月份，开始生产经营的当月的财务处理。

借：管理费用　　300 000
　　贷：长期待摊费用——开办费　　300 000

【例 3-27】 某企业以经营租赁方式租入办公用房一处，租赁期限为 3 年，低于其尚可使用年限。根据租赁合同规定，租入后企业即对其进行装修，装修费用全部由本企业承担。企业将装修工程出包给某装修公司，按照装修合同规定，企业先预付装修工程款 100 000 元，装修工程完工后，又补付工程款 80 000 元，预付款和补付款均用银行存款支付。账务处理如下。

① 预付装修工程款时：

借：在建工程　　100 000

　　贷：银行存款　　100 000

② 补付装修工程款时：

借：在建工程　　80 000

　　贷：银行存款　　80 000

③ 装修工程完工时：

借：长期待摊费用——租入固定资产改良支出　　180 000

　　贷：在建工程　　180 000

④ 按月摊销租入固定资产的改良支出 5 000(180 000÷3÷12)元时：

借：管理费用　　5 000

　　贷：长期待摊费用——租入固定资产改良支出　　5 000

二、其他长期资产

其他长期资产一般包括国家批准储备的特种物资、银行冻结存款以及临时设施和涉及诉讼中的财产等。其他长期资产可以根据资产的性质及特点单独设置相关科目核算。

本章小结

固定资产是指为生产商品、提供劳务、出租或经营管理而持有的，使用年限超过一年，单位价值较高的有形资产。固定资产应按其取得时的成本作为入账价值，取得时的成本包括买价、进口关税等税金、运输和保险等相关费用，以及为使固定资产达到预定可使用状态前所发生的一切合理的、必要的支出。固定资产的折旧，是指在固定资产使用寿命内，按照确定的方法对应计折旧额进行系统分摊。

无形资产是指企业为生产商品或者提供劳务、出租给他人或为管理目的而持有的、没有实物形态的非货币性长期资产。企业应将入账的无形资产在一定年限内摊销。摊销方法一般采用直线法。

复习思考题

一、问答题

1. 固定资产如何定义？其特征有哪些？如何确认？
2. 如何对固定资产进行分类？
3. 固定资产的入账价值如何确定？后续支出如何核算处理？
4. 哪些固定资产应该计提折旧？
5. 什么是无形资产？有哪些特征？
6. 无形资产的摊销期如何确定？

二、实训题

实训 1

目的：练习固定资产取得的核算与固定资产折旧的计算。

资料：某企业本月购入一台需要安装的设备，价款为 80 000 元，增值税为 13 600 元，发生运杂费为 2 400 元，安装费为 4 000 元，全部款项已用银行存款支付。该设备直接交付安装，当月完工并交付使用。该设备预计残值率为 4%，预计使用寿命 5 年。

要求：

(1) 根据上述资料，确定固定资产的入账价值，并编制相关的会计分录。

(2) 分别采用年限平均法、双倍余额递减法及年数总和法计算该设备各年应计提的折旧额。

实训 2

目的：练习固定资产取得的核算。

资料：企业自行建造设备一台，发生有关的经济业务如下。

(1) 用存款购入为工程准备的物资价款 300 万元，增值税 51 万元。

(2) 领用工程物资 339.3 万元。

(3) 工程需支付工程人员工资 10 万元，应计提福利费 1.4 万元。

(4) 用存款支付与工程有关的其他费用 9 万元。

(5) 工程领用企业原材料 10 万元(增值税率为 17%)。

(6) 领用企业产品一批，成本 4 万元，计税价格 5 万元(增值税率为 17%)。

(7) 工程完工交付使用。

实训 3

目的：练习固定资产折旧的核算。

资料：甲公司2004年6月份固定资产增减业务如下。

(1) 购买一台设备供一车间使用，采用工作量法计提折旧。该设备原价为60万元，预计总工作时数为20万小时，预计净残值为5万元。该设备2004年7月份工作量为4 000小时。

(2) 厂部新办公楼交付使用，采用平均年限法计提折旧，该办公楼原价620万元，预计使用年限20年，预计净残值20万元。

(3) 公司总部的一辆轿车使用期满予以报废。该轿车原价37万元，预计使用年限6年，净残值1万元，采用平均年限法计提折旧。假定2004年7月份未发生固定资产增减业务，不考虑其他固定资产的折旧。

要求：

(1) 计算甲公司2004年7月份应计提的折旧额。

(2) 编制甲公司2004年7月份计提折旧的会计分录。

实训4

目的：练习固定资产取得、清理和清查的核算。

资料：企业发生有关的固定资产业务如下。

(1) 购入不需要安装的新设备一台，价税合计为20万元，运输费2万元，途中的保险费1万元。所有款项均以存款支付。设备已交付使用。

(2) 企业将一个厂房建造工程承包给A公司，双方商定合同总价款350万元，施工前预付总价款的60%，余款40%待工程完工验收合格后支付。所有工程款均以存款支付。

(3) 一台设备使用期满，需要进行清理报废。该设备原价为60 000元，已提折旧58 000元，取得残料变价收入800元，支付清理费用2 000元。

(4) 生产产品用固定资产发生日常维护费用2 000元。

(5) 在财产清查中盘盈一台设备，同类设备市场价格为46 000元，估计已损耗10 000元。

(6) 在财产清查中盘亏设备一台，其账面价值为16 000元，已提折旧10 000元。

要求：根据上述资料，编制相关的会计分录。

实训5

目的：练习无形资产增加、摊销和处置的核算。

资料：A企业8月份，发生有关无形资产的经济业务如下。

(1) 用银行存款从专利局购入一项专利，价格为150 000元，购买时，另外支付咨询费、手续费、税金等10 000元。

(2) 企业与甲公司签订投资协议，该公司用一块土地的使用权作价向本企业投资，双方确认价值为500 000元，办理手续时，本企业支付申请登记费用

20 000 元。

(3) 企业接受一外商捐赠的一项发明专利权，该项专利权所附发票的金额为250 000 元。

(4) 企业研制某项技术获得成功，并依法申请了专利。以银行存款支付专利登记费用 15 000 元，律师费 5 000 元。

(5) 企业出售一项专有技术的所有权，该专有技术的账面价值为 8 000 元，售价 9 000 元，应缴纳营业税 450 元，款项通过银行收讫。

(6) 企业向乙公司转让一项软件的使用权，一次性收取费用 100 000 元，不提供后续服务。营业税率为 5%。

(7) 企业拥有的一项专有技术，账面价值为 6 000 元，经权威部门认定，该项无形资产已被新技术所代替且已不能为企业带来经济利益。经批准将其转销。

(8) 本月无形资产摊销计 12 000 元。

要求：根据以上资料，编制有关的会计分录。

实训 6

目的：练习无形资产增加、摊销和处置的核算。

资料：甲公司 1998 年开始研发某专利，至 1999 年 6 月 15 日研制成功时共花费了 120 万元，另外在 1999 年 7 月 1 日用银行存款支付注册费、律师费共计 20 万元，获得了专利局的认证。该专利技术的法定期限为 8 年，预计受益年限为 5 年。甲公司于 2001 年 1 月 1 日将其出售，售价为 11 万元，营业税率为 5%。

要求：根据以上资料作出下列业务的账务处理。

(1) 1999 年 7 月 1 日取得专利权；

(2) 1999 年、2000 年无形资产的摊销；

(3) 2001 年初处置该专利权。

第四章　纳税申报与应缴税金

学习提示

作为一个主管会计人员，计算和缴纳税金是其重要的工作之一，主管会计人员应该充分了解和掌握税务部门在税务管理和税款征收中的要求、程序和方法。在合理的范围内，如何做到既符合国家政策，又能充分为企业服务，既做好一个积极合法的纳税人，又当好企业资金使用上的好管家，是每一个主管会计人员首先要考虑的内容。

第一节　税务管理

税务管理是指税收征收管理机关为了贯彻、执行国家税收法律制度，加强税收工作，协调征税关系而开展的一项有目的的活动。税务管理是税款征收的前提。税务管理包括税务登记管理、发票管理和纳税申报管理等几个部分的内容。

一、税务登记

税务登记又称为纳税登记，是税务机关对纳税人的生产经营活动进行登记并据此对纳税人实施税务管理的一系列法律制度的总称。税务登记是税收管理工作的首要环节，是征纳双方法律关系成立的依据和证明。

根据《税务登记管理办法》的规定，凡有法律、法规规定的应税收入、应税财产或应税行为的各类纳税人，均应当办理税务登记；扣缴义务人应当在发生扣缴义务时，到税务机关申报登记，领取扣缴税款凭证。税务登记包括：开业税务登记，变更税务登记，停业、复业税务登记，注销税务登记，外出经营报验税务登记等。本书只介绍开业税务登记、变更税务登记及注销税务登记。

(一)开业税务登记

开业税务登记是指从事生产经营的纳税人，经国家工商行政管理部门批准开业后首次办理的纳税登记。

1. 开业税务登记的对象

需要办理开业税务登记的纳税人分以下两类。①领取营业执照从事生产、经营的纳税人，包括：企业，企业在外地设立的分支机构和从事生产、经营的场所，个体工商户和从事生产、经营的事业单位。②其他纳税人。根据规定，不从事生产、经营，但依照法律、法规的规定负有纳税义务的单位和个人，除临时取得应税收入或发生应税行为以及只缴纳个人所得税、车船使用税的外，都应按规定向税务机关办理税务登记。

2. 开业税务登记的要求

纳税人应按下列要求办理税务登记。

(1) 在法定的时间内办理税务登记。

凡从事生产经营，实行独立经济核算，并经工商行政管理机关批准开业和发给营业执照的，应自领取营业执照之日起 30 日内，向生产、经营地或者纳税义务发生地的主管税务机关申报办理税务登记；其他应办理税务登记的纳税人，应自有关部门批准之日或在按税法规定成为法定纳税人之日起 30 日内，持有关证件向所在地税务机关申报办理税务登记；纳税人所属的跨地区的非独立核算分支机构除由总机构申报办理税务登记外，还应当自设立之日起 30 日内，向分支机构所在地税务机关申报办理注册税务登记。从事生产、经营的纳税人外出经营，自其在同一县(市)实际经营或提供劳务之日起，在连续的 12 个月内累计超过 180 天的，应当自期满之日起 30 日内，向生产、经营所在地税务机关申报办理税务登记。

(2) 提出办理税务登记的书面报告。

纳税人申请税务登记应先到主管税务机关或指定的税务登记点填报《申请税务登记报告书》。我国国家税务机关为适应分税制的需要，设置了两套税务机构，即国家税务局系统和地方税务局系统，根据国家税务总局的规定，两套机构对各自负责征收管理的纳税人实施统一代码，分别登记，分别管理。

(3) 提供必需的证件或资料。

纳税人办理税务登记时必须携带下列证件或资料：①营业执照或其他核准执业证件及工商登记表，或其他核准执业登记表复印件；②有关机关、部门批准设立的文件；③有关合同、章程、协议书；④法定代表人和董事会成员名单；⑤法定代表人(负责人)或业主居民身份证、护照或者其他证明身份的合法证件；⑥组织机构统一代码证书；⑦住所或经营场所证明；⑧委托代理协议书复印件；⑨属于享受税收优惠政策的企业，还应包括需要提供的相应证明、资料，税务机关需要的其他资料、证件。

企业在外地的分支机构或者从事生产、经营的场所，在办理税务登记时，还应当提供由总机构所在地税务机关出具的在外地设立分支机构的证明。

(4) 如实填写税务登记表。

税务登记表的主要内容包括：①单位名称，法定代表人或者业主姓名及其居民身份证、护照或者其他合法证件的号码；②住所、经营地点；③经济性质；④企业形式、核算方式；⑤生产经营范围、经营方式；⑥注册资金(资本)、投资总额、开户银行及账号；⑦生产经营期限、从业人数、营业执照号码；⑧财务负责人、办税人员；⑨其他有关事项。

企业在外地设立的分支机构或者从事生产、经营的场所，还应当登记总机构名称、地址、法定代表人、主要业务范围、财务负责人。

3. 税务登记表的审批与核发

税务机关对纳税人填报的税务登记表及附送资料、证件审核无误的，应在 30 日内予以登记，核发税务登记证或者注册税务登记证。如果纳税人已经取得增值税一般纳税人的认定资格，税务机关还应在税务登记证副本首页上方加盖“增值税一般纳税人”确认专用章，作为领购增值税发票的凭证。

(二)变更登记

变更登记是指纳税人在办理税务登记后，原登记的内容发生变化时向原税务机关申报办理的税务登记。

1. 变更登记的范围

纳税人办理税务登记后，如发生下列情形之一，应当持有关证件向原税务登记机关申报办理变更税务登记：①改变名称；②改变法定代表人；③改变经济性质或经济类型；④改变住所和经营地点(若涉及主管税务机关变动的，要办理注销登记)；⑤改变生产经营或经营方式；⑥增减注册资金(资本)；⑦改变隶属关系；⑧改变生产经营期限；⑨改变或增减银行账号；⑩ 改变生产经营权属以及改变其他税务登记内容的。

2. 变更登记的时间要求

(1) 纳税人税务登记内容发生变化，需要到工商行政管理机关或者其他机关办理变更登记的，应当自工商行政管理机关或者其他机关办理变更登记之日起 30 日内，持有关证件向原税务登记机关申报办理变更税务登记。

(2) 纳税人税务登记内容发生变化，不需要到工商行政管理机关或者其他机关办理变更登记的，应当自发生变化之日起 30 日内，持有关证件向原税务登记机关申报办理变更税务登记。

3. 变更税务登记的程序、方法

(1) 申请。纳税人申请办理变更税务登记时，应向主管税务机关领取税务登记变更表，如实填写变更登记事项、变更登记前后的具体内容。

(2) 提供相关证件、资料。增值税一般纳税人被取消资格需要变更登记的，应当提交下列证件：增值税一般纳税人申请认定书原件；税务登记证(正、副本)原件；纳税人税种登记表；其他有关资料。

(3) 税务登记变更表的内容。主要包括纳税人名称、变更项目、变更前内容、变更后内容、上缴的证件情况。

(4) 受理。税务机关对纳税人填报的表格及提交的附列资料、证件在符合要求及资料证件提交齐全的情况下，予以受理。

(5) 审核。主管税务机关对纳税人报送的已填登完毕的变更表及相关资料，进行分类审核。

(6) 发证。对需变更税务登记证内容的，主管税务机关应收回原税务登记证(正、副本)，按变更后的内容，重新制发税务登记证(正、副本)。

(三)注销登记

注销登记是指纳税人在发生解散、破产、撤销以及依法终止履行纳税义务的其他情形时，向原登记税务机关申请办理的登记。注销登记是本质上的变化，意味着纳税人作为纳税主体在法律意义上的消失或死亡。

1．注销登记的适用范围

纳税人因经营期限届满而自动解散；企业由于改组、分级、合并等原因而被撤销；企业资不抵债而破产；纳税人住所、经营地址迁移而涉及改变原主管税务机关的；纳税人被工商行政管理部门吊销营业执照；纳税人依法终止履行纳税义务的其他情形。

2．注销登记的时间要求

(1) 纳税人发生解散、破产、撤销以及其他情形，依法终止纳税义务的，应当在向工商行政管理机关办理注销登记前，持有关证件向原税务登记管理机关申报办理注销税务登记。

(2) 按照规定不需要在工商管理机关办理注销登记的，应当自有关机关批准或者宣告终止之日起 15 日内，持有关证件向原税务登记管理机关申报办理注销税务登记。

(3) 纳税人因住所、生产、经营场所变动而涉及改变主管税务登记机关的，应当在向工商行政管理机关申请办理变更或注销登记前，或者住所、生产、经营场所变动前，向原税务登记机关申报办理注销税务登记，并在 30 日内向迁达地主管税务登记机关申报办理税务登记。

(4) 纳税人被工商行政管理机关吊销营业执照的，应当自营业执照被吊销之日起 15 日内，向原税务登记机关申报办理注销税务登记。

3．注销登记的有关要求

纳税人办理注销税务登记时，应当提交注销税务登记申请、主管部门批文或董事会、职代会的决议及其他有关证明文件(营业执照被吊销的应提交工商机关发放的注销决定)有关资料，同时向税务机关结清税款、滞纳金和罚款，缴销发票、发票领购簿和税务登记证件(税务登记证正、副本及登记表等)，经税务机关核准，办理注销税务登记手续。

纳税人因生产、经营场所发生变化需改变主管税务登记机关的，在办理注销税务登记时，原税务登记机关在对其注销税务登记的同时，应向迁达地税务登记机关递交纳税人迁移通知书，并附有纳税人档案资料移交清单，由迁达地税务登记机关重新办理税务登记。

(四)税务登记证的发放、使用和管理

1. 税务登记证的发放

税务登记证件分为税务登记证及其副本和注册税务登记证及其副本，其式样由国家税务总局制定，由省、自治区、直辖市税务机关印制。

2. 税务登记证的使用

除按照规定不需要发给税务登记证件的外，纳税人办理下列事项时，必须持税务登记证件：①开立银行账户；②申请减税、免税、退税；③申请办理延期申报、延期缴纳税款；④领购发票；⑤申请开具外出经营活动税收管理证明；⑥办理停业、歇业；⑦其他有关税务事项。

纳税人应亮证经营，接受税务机关的查验。纳税人遗失税务登记证件的，应当在 15 日内书面报告主管税务机关，并登报声明作废。同时，凭报刊上刊登的遗失声明向主管税务机关申请补办税务登记证件。

3. 税务登记证的管理

税务机关对已核发的税务登记证件，实行定期验证和换证制度。税务登记证件每年验审一次，每 3 年换证一次。纳税人应当在规定的期限内到税务机关办理验证或者换证手续。

税务机关审查核对税务登记证件和税务登记表的内容与纳税人的实际生产经营情况是否一致，工商行政管理机关有义务将办理登记注册、核发营业执照的情况定期向税务机关通报；有条件的地方，可以与工商行政管理部门实行联合检查验审。

二、发票管理

(一)发票的概念

发票是指在购销商品、提供或者接受服务以及从事其他经营活动中，开具、收取的收付款的书面证明。它是确定经营收支行为发生的法定凭证，是会计核算

的原始依据，也是税务稽查的重要证据。

(二)发票的种类

1．增值税专用发票

(1) 增值税专用发票的概念。

增值税专用发票是指专门用于结算销售货物和提供加工、修理、修配劳务使用的一种发票。增值税专用发票只限于增值税一般纳税人领购使用，增值税小规模纳税人和非增值税纳税人不得领购使用。增值税专用发票除具备普通发票的基本属性外，还具备抵扣增值税税款的功能，即增值税专用发票不仅是经济活动中的重要商事凭证，还是兼记销货方纳税义务和购货方进项税额的合法证明，它对增值税的计算和管理起着决定性作用。

增值税一般纳税人是指年应征增值税销售额(以下简称年应税销售额，包括一个公历年度内的全部应税销售额)，超过增值税暂行条例实施细则规定的小规模纳税人标准的企业和企业性单位。小规模纳税人的认定标准是：①从事货物生产或提供应税劳务的纳税人，以及以从事货物生产或提供应税劳务为主，并兼营货物批发或零售的企业，年应税销售额在 100 万元以下的；②从事货物批发或零售的企业，年应税销售额在 180 万元以下的；③年应税销售额超过小规模纳税人标准的个人、非企业性单位、不经常发生应税行为的企业，视同小规模纳税人。对小规模纳税人的确认，由主管税务机关依税法规定的标准认定。

(2) 增值税专用发票的内容及联次。

增值税专用发票基本联次为四联：第一联为存根联，销货方留存备查；第二联为发票联，购货方作付款的记账凭证；第三联为税款抵扣联，购货方作抵扣税款凭证；第四联为记账联，销货方作销售的记账凭证。

(3) 增值税专用发票的开具范围。

一般纳税人销售货物(包括视同销售货物在内)、应税劳务、根据增值税暂行条例实施细则规定应当征收增值税的非应税劳务(以下简称销售应税项目)，必须向购买方开具增值税专用发票。下列情形不得开具增值税专用发票：①销售应税项目；②销售免税项目；③销售报关出口的货物、在境外销售应税劳务；④将货物用于非应税项目；⑤将货物用于集体福利或个人消费；⑥提供非应税劳务(应当征收增值税的除外)、转让无形资产或销售不动产。

另外，国家税务总局还规定，从 1995 年 7 月 1 日起对商业零售的烟、酒、食品、服装、鞋帽(不包括劳保专用的部分)、化妆品等消费品不得开具专用发票；对生产经营机械、机车、汽车、轮船、锅炉等大型机械、电子设备的工商企业，凡直接销售给使用单位的，应开具普通发票，如购货方索取增值税专用发票，销货方可开具增值税专用发票。

(4) 增值税专用发票的开具时限。

① 采用预收货款、托收承付和委托银行收款结算方式的，为货物发出的当天。

② 采用交款提货结算方式的，为收到货款的当天。

③ 采用赊销、分期付款结算方式的，为合同约定的收款日期的当天。

④ 将货物交付他人代销，为收到受托人送交的代销售清单的当天。

⑤ 设有两个以上机构并实行统一核算的纳税人，将货物从一家机构移送其他机构用于销售，按规定应当征收增值税的，为货物移送的当天。

⑥ 将货物作为投资提供给其他单位或个体经营者，为货物移送的当天。

⑦ 将货物分配给股东，为货物移送的当天。

一般纳税人必须按规定时限开具专用发票，不得提前或滞后。对已开具专用发票的销售货物，要及时足额计入当期销售额征税。凡开具了专用发票，其销售额未按规定计入销售账户核算的，一律按偷税论处。

(5) 销货退回或销售折让开具增值税专用发票的规定。

纳税人销售货物并向购买方开具专用发票后，如发生退货或销售折让，应根据不同情况分别按以下规定办理。

① 购买方在未付货款并且未做账务处理的情况下，须将原发票联和税款抵扣联主动退还销售方。销售方收到后，如果未将记账联做账务处理，应在该发票联和税款抵扣联及相应的存根联、记账联上注明“作废”字样，并依次粘贴在存根联后面，该联发票作废即可。如果销售方已将记账联作账务处理，可开具相同内容的红字专用发票，将红字专用发票的记账联撕下作为扣减当期销项税额的凭证，存根联、抵扣联和发票联不得撕下，将从购买方收到的原抵扣联、发票联粘贴在红字专用发票联后面，并在上面注明原发票记账联和红字专用发票记账联的存放地点，作为开具红字专用发票的依据。未收到购买方退还的专用发票前，销售方不得扣减当期销项税额。属于销售折让的，销售方应按折让后的货款重开专用发票。

② 在购买方已付货款，或者货款未付但已作账务处理，发票联及抵扣联无法退还的情况下，购买方必须取得当地主管税务机关开具的进货退出或索取折让证明单(以下简称证明单)送交销货方，作为销售方开具红字专用发票的合法依据。销售方在未收到证明单以前，不得开具红字专用发票；收到证明单后，根据退回货物的数量、价款或折让金额向购买方开具红字专用发票。红字专用发票的存根联、记账联作为销售方扣减当期销项税额的凭证，其发票联、税款抵扣联作为购买方扣减进项税额的凭证。

③ 购买方收到红字专用发票后，应将红字专用发票所注明的增值税税额从当

期进项税额中扣除，如不扣减，造成不纳税或少纳税的，属于偷税行为。

2．普通发票

普通发票主要是供营业税纳税人和增值税小规模纳税人使用，增值税一般纳税人在不能开具增值税专用发票的情况下也可使用普通发票。普通发票由行业发票和专用发票组成，前者适用于某个行业的经营业务，如商业零售统一发票、商业批发统一发票、工业企业产品销售统一发票等，后者仅适用于某一经营项目，如广告费用结算发票、商品房销售发票等。

(1) 普通发票的内容和基本联次。

普通发票的基本联次为三联，第一联为存根联，开票方留存备查；第二联为发票联，收执方作为付款或收款原始凭证；第三联为记账联，开票方作为记账原始凭证。

(2) 开具普通发票后，发生退货(包括部分退货)或销售折让的处理。

① 若购销双方发票均未入账，购货方应将发票退还给销货方，销货方收到该发票后粘贴在该份发票的存根联上，将所有联次注明“作废”字样，并按实际销售重新开具发票。

② 若购货方发票未作账务处理，而销货方已作账务处理的情况下，购货方将原发票退还给销货方。销货方收到发票后，在该发票上注明“作废”字样，同时开具相同数额的红字普通发票，将注明作废退还的发票粘贴在红字发票后面，撕下红字发票记账联入账，并按实际销售重新开具发票。

③ 若购货方发票已作账务处理，发票无法退还销货方的情况下，销货方必须取得购货方出具的退货(含部分退货)或折让书面证明，据以开具红字普通发票，书面证明应粘贴于红字发票存根联后面，红字发票发票联交购货方入账，红字发票记账联由销货方入账。

3．专业发票

专业发票包括：国有金融、保险企业的存贷、汇兑、转账凭证和保险凭证；国有邮政、电信企业的邮票、邮单、话务、电报收据；国有铁路、国有航空企业和交通部门、国有公路、水上运输企业的客票、货票等。由于专业发票要体现很强的行业特点，所以通常由行业主管部门统一管理，自行设计式样，不套印税务机关的统一发票监制章，也可根据税务征管的需要纳入统一发票管理。但上述单位承包、租赁给非国有单位和个人经营，或采用国有民营形式时，其所用专业发票，以及上述单位的其他发票均应套印全国统一发票监制章，由税务机关统一管理。

(三) 发票的开具要求

《中华人民共和国发票管理办法》规定，销售商品、提供服务以及从事其他经营活动的单位和个人，对外发生经营业务收取款项，收款方应向付款方开具发票；收购单位和扣缴义务人支付款项时，由付款方向收款方开具发票。所有单位和从事生产、经营活动的个人在购买商品、接受服务以及从事其他经营活动支付款项时，应当向收款方取得发票。取得发票时，不得要求变更品名和金额。不符合规定的发票，不得作为财务报销凭证，任何单位和个人有权拒收。

三、纳税申报

纳税申报是指纳税人按照税法规定的期限和内容，向税务机关提交有关纳税事项书面报告的法律行为，是纳税人履行纳税义务、税务机关界定纳税人法律责任的主要依据，是税务机关办理征收业务、核实应征税款、开具纳税凭证的重要制度。纳税申报的对象主要包括：依法已向国家税务机关办理税务登记的纳税人；按规定不需向国家税务机关办理税务登记，以及应当办理而未办理税务登记的纳税人；扣缴义务人和国家税务机关确定的委托代征人。

(一)纳税申报的内容

纳税人、扣缴义务人的纳税申报或者代扣代缴、代收代缴税款报告表的主要内容包括：税种、税目，应纳税项目或者应代扣代缴、代收代缴税款项目，适用税率或者单位税额，计税依据，扣除项目及标准，应纳税额或者应代扣代缴、代收代缴税额，税款所属期限、延期缴纳税款、欠税、滞纳金等。

另外，在申报期内无论有无收入都必须在规定的期限内如实填报申报表并附送有关资料；享受减免税待遇的，在减免税期间也应办理纳税申报。

(二)纳税申报的要求

纳税人办理纳税申报时，应当如实填写纳税申报表如表 4-1 所示，根据不同情况相应报送下列有关证件、资料：

① 财务、会计报表及其说明材料；
② 与纳税有关的合同、协议书；
③ 外出经营活动税收管理证明；
④ 境内或者境外公证机构出具的有关证明文件；
⑤ 税务机关规定应当报送的其他有关证件、资料。

凡已办理税务登记的纳税人，无正当理由连续三个月未向税务机关进行纳税申报的，税务机关应当派人进行实地检查。

(三)纳税申报的方式

纳税申报方式是指纳税人和扣缴义务人在发生纳税义务和代扣代缴、代收代缴义务后，在其申报期限内，依照规定到指定税务机关进行申报纳税的形式。其主要方式有以下几种。

表4-1　增值税纳税申报表

（适用于增值税一般纳税人）

根据《中华人民共和国增值税暂行条例》第二十二条和第二十三条的规定制定本表。纳税人不论有无销售额，均应按主管税务机关核定的纳税期限按期填报本表，并于次月一日起十日内，向当地税务机关申报。

税款所属时间：自　年　月　日至　年　月　日　填表日期：年　月　日

金额单位：元至角分

纳税人识别号					所属行业：	
纳税人名称	（公章）	法定代表人姓名		注册地址	营业地址	
开户银行及账号		企业登记注册类型			电话号码	
项　目		栏　次	一般货物及劳务		即征即退货物及劳务	
			本月数	本年累计	本月数	本年累计
销售额	(一)按适用税率征税货物及劳务销售额	1				
	其中：应税货物销售额	2				
	应税劳务销售额	3				
	纳税检查调整的销售额	4				
	(二)按简易征收办法征税货物销售额	5				
	其中：纳税检查调整的销售额	6				
	(三)免、抵、退办法出口货物销售额	7			——	——
	(四)免税货物及劳务销售额	8			——	——
	其中：免税货物销售额	9			——	——
	免税劳务销售额	10			——	——
税款计算	销项税额	11				
	进项税额	12				
	上期留抵税额	13		——		——
	进项税额转出	14				
	免抵退货物应退税额	15			——	——
	按适用税率计算的纳税检查应补缴税额	16			——	——
	应抵扣税额合计	17=12+13-14-15+16		——		——
	实际抵扣税额	18（如 17< 11，则为 17，否则为 11）				
	按适用税率计算的应纳税额	19=11-18				
	期末留抵税额	20=17-18		——		——
	按简易征收办法计算的应纳税额	21				
	按简易征收办法计算的纳税检查应补缴税额	22			——	——
	应纳税额减征额	23				
	应纳税额合计	24=19+21-23				

续表

项目		栏次	一般货物及劳务		即征即退货物及劳务	
			本月数	本年累计	本月数	本年累计
税款缴纳	期初未缴税额（多缴为负数）	25				
	实收出口开具专用缴款书退税额	26			——	——
	本期已缴税额	27=28+29+30+31				
	① 分次预缴税额	28		——		——
	② 出口开具专用缴款书缴税额	29		——	——	——
	③ 本期缴纳上期应纳税额	30				
	④ 本期缴纳欠缴税额	31				
	期末未缴税额（多缴为负数）	32=24+25+26-27				
	其中：欠缴税额（≥0）	33=25+26-27		——		——
	本期应补（退）税额	34=24-28-29		——		——
	即征即退实际退税额	35	——	——		
	期初未缴查补税额	36			——	——
	本期入库查补税额	37			——	——
	期末未缴查补税额	38=16+22+36-37			——	——

授权声明	如果你已委托代理人申报，请填写下列资料： 为代理一切税务事宜，现授权 （地址） 为本纳税人的代理申报人， 任何与本申报表有关的往来文件，都可寄予此人。 授权人签字：	申报人声明	此纳税申报表是根据《中华人民共和国增值税暂行条例》的规定填报的，我相信它是真实的、可靠的、完整的。 声明人签字：

以下由税务机关填写：

收到日期： 接收人： 主管税务机关盖章：

1．直接申报

直接申报，即上门申报。有直接到办税服务厅申报、到巡回征收点申报和到代征点申报三种。直接申报是一种传统申报方式。

2．邮寄申报

邮寄申报是指经税务机关批准的纳税人使用统一规定的纳税申报特快专递专用信封，通过邮政办理交寄手续，并向邮政部门索取收据作为申报凭据的方式。

3．数据电文申报

数据电文，包括电话语音、电子数据交换、电子邮件、电报、电传和网络传输等。目前纳税人采用的网上申报，就是数据电文申报方式的一种形式。

除上述方式外，实行定期定额缴纳税款的纳税人，可以实行简易申报、简并征期等纳税申报方式。简易申报是指实行定期定额缴纳税款的纳税人在期限内缴纳税款的，税务机关可以视同申报，简并征期是指实行定期定额缴纳税款的纳税人，经税务机关批准，可以采取将纳税期限合并为按季、半年、年的方式缴纳税款，表 4-2 所示为企业所得税年度纳税申报表。

表4-2 企业所得税年度纳税申报表

税款所属期间 年 月 日至 年 月 日 金额单位：元

纳税人识别号			
纳税人名称			
纳税人地址		邮政编码	
登记注册类型		行业	
纳税人开户银行		账号	

	行次	项 目	金 额
收入总额	1	销售(营业)收入(请填附表一)	
	2	减：销售退回	
	3	折扣与折让	
	4	销售(营业)收入净额(1-2-3)	
	5	其中：免税的销售(营业)收入	
	6	特许权使用费收益	
	7	投资收益(请填附表二)	
	8	投资转让净收益(见附表二)	
	9	租赁净收益	
	10	汇兑净收益	
	11	资产盘盈净收益	
	12	补贴收入	
	13	其他收入(请附明细表)	
	14	收入总额合计(4+6+7+8+9+10+11+12+13)	
扣除项目	15	销售(营业)成本(请填附表三)	
	16	期间费用合计(17+…+41)	
	17	其中：工资薪金(请填附表四)	
	18	职工福利费、职工工会经费、职工教育经费(见附表四)	
	19	固定资产折旧(请填附表五)	
	20	无形资产、递延资产摊销(见附表五)	
	21	研究开发费用	
	22	利息净支出	
	23	汇兑净损失	

续表

	行次	项　　目	金　　额
扣除项目	24	租金净支出	
	25	上缴总机构管理费	
	26	业务招待费	
	27	税金	
	28	坏账损失(请填附表六)	
	29	增提的坏账准备金(请填附表六)	
	30	资产盘亏、毁损和报废净损失	
	31	投资转让净损失(见附表二)	
	32	社会保险缴款	
	33	劳动保护费	
	34	广告支出(请填附表七)	
	35	捐赠支出(请填附表八)	
	36	审计、咨询、诉讼费	
	37	差旅费	
	38	会议费	
	39	运输、装卸、包装、保险、展览费等销售费用(请附明细表)	
	40	矿产资源补偿费	
	41	其他扣除费用项目(请附明细表)	
应纳税所得额的计算	42	纳税调整前所得(14-15-16)	
	43	加：纳税调整增加额(44+…+58)	
	44	其中：工资薪金纳税调整额(见附表四)	
	45	职工福利费、职工工会经费和职工教育经费的纳税调整额(见附表四)	
	46	利息支出纳税调整额	
	47	业务招待费纳税调整额	
	48	广告支出纳税调整额(见附表七)	
	49	赞助支出纳税调整额	

续表

	行次	项　　目	金　　额
扣除项目	50	捐赠支出纳税调整额(见附表八)	
	51	折旧、摊销支出纳税调整额(见附表五)	
	52	坏账损失纳税调整额(见附表六)	
	53	坏账准备纳税调整额(见附表六)	
	54	罚款、罚金或滞纳金	
	55	存货跌价准备	
	56	短期投资跌价准备	
	57	长期投资减值准备	
	58	其他纳税调整增加项目(请附明细表)	
	59	减：纳税调整减少额(60+61)	
	60	其中：研究开发费用附加扣除额	
	61	其他纳税调整减少项目(请附明细表)	
	62	纳税调整后所得(42+43-59)	
	63	减：弥补以前年度亏损(请填附表九)	
	64	减：免税所得(65+…+71)	
	65	其中：国债利息所得	
	66	免税的补贴收入	
	67	免税的纳入预算管理的基金、收费或附加	
	68	免于补税的投资收益	
	69	免税的技术转让收益	
	70	免税的治理“三废”收益	
	71	其他免税所得(请附明细表)	
	72	应纳税所得额(62-63-64)	
应缴所得税	73	适用税率	
	74	应缴所得税额	
	75	减：期初多缴所得税额	
	76	已预缴的所得税额	
	77	应补税的境内投资收益的抵免税额	
	78	应补税的境外投资收益的抵免税额	
	79	经批准减免的所得税额	
	80	应补(退)的所得税额(74-…-79)	

续表

<table>
<tr><td>纳税人代表签章：

纳税人单位公章：
日期：
联系电话：</td><td>代理申报中介机构签章：
日期：
经办人：
经办人执业证件号码：
联系电话：</td></tr>
<tr><td colspan="2">以下由税务机关填写：
经办人：　　　　　　　　　　受理申报税务机关公章
受理申报日期：
审核人：
审核日期：</td></tr>
</table>

第二节 税款征收

税款征收是税收征收管理工作的中心环节，是全部税收征收管理工作的目的和归宿，是实现税收职能的最关键环节。

一、税款征收方式

根据《税收征管法》及其实施细则规定，我国的税款征收主要有以下几种方式。

(一)查账征收

查账征收是指由纳税人依据账簿记载，先自行计算缴纳，事后经税务机关查账核实，如有不符合税法规定的，则多退少补的一种税款征收方式。它适用于经营规模较大、财务会计制度健全、能够如实核算和提供生产经营情况，并能正确计算税款，如实履行纳税义务的单位和个人。

税务机关根据纳税人报送的纳税申请表、财务会计报表以及其他相关资料，计算纳税人应纳税款、开具税收缴款书或完税凭证，由纳税人自行到银行划解税款。这些纳税主体的应纳税款，一律依据账簿记载，先行计算缴纳，事后税务机关检查核实，多退少补。税款的缴纳可采取两种方式：①自报自缴；②自报核缴。

(二)查定征收

查定征收是指税务机关根据纳税人的从业人员、生产设备、原材料耗用情况等因素在正常情况下的生产、销售情况，对其生产的应税产品查定产量和销售额，然后依照税法规定的税率征收的一种税款征收方式。这种方式适用于会计账册不健全、生产不稳定的从事产品生产的纳税人，如小型厂矿和作坊等。

(三)查验征收

查验征收是指由税务机关对纳税申报人的应税产品进行查验后征税，并贴上完税证、查验证或盖查验戳，并据以征税的一种税款征收方式。这种方式一般适用于经营品种比较单一，经营地点、时间和商品来源不固定的纳税单位。如城乡集贸市场的临时经营和机场、码头等场外经销商品的税款征收。

(四)定期定额征收

定期定额征收简称“双定”征收，定期定额征收是指对一些营业额和所得额难以计算准确的小型工商户，经其自报评议，由税务机关调查核实其一定期限内的营业额、利润额，按照核定的营业额、利润额确定应纳税款的方式。这种方式适用于规模较小、账证不健全、难以提供完整的纳税资料的小型工商业户的税款征收。

一般来讲定期定额征收是由个体工商户自行申报经营额，然后由税务机关核定其营业额或所得额，再按照适用税率计算应纳税额。如果纳税人在定期内生产经营情况发生较大变化，应税收入超过或低于其原定数额 20%时，应及时向税务机关申报调整；税务机关应在规定时间内予以重新核定。

(五)代扣代缴

代扣代缴是指按照税法规定，负有扣缴税款义务的法定义务人，在向纳税人支付纳税人应得款项时，从所支付的款项中直接扣收税款的方式。其目的是对零星分期、不易控制的税源实行源头控制。如个人所得税，以所得人为纳税义务人，其扣缴义务人为支付个人所得税的单位。

(六)代收代缴

代收代缴是指负有收缴税款义务的法定义务人，负责对纳税人应纳的税款进行代收代缴的方式，即由与纳税人有经济业务往来的单位和个人在向纳税人收取款项时，依照税收法规的规定收取税款，并向税务机关解缴。这种方式一般适用于税收网络覆盖不到或很难控制的领域，如受托加工应缴消费税的消费品，由受托方代收代缴的消费税。增值税暂行条例规定，工业企业委托加工工业产品，一律于委托方提货时由受托方代收代缴税款。

代扣代缴与代收代缴之间的区别是：代扣是向纳税人支付款项时同时扣收税款，而代收是向纳税人收取款项时同时收取税款。

(七)委托代征

委托代征是指受托单位按照税务机关核发的代征证书的要求，以税务机关的名义向纳税人征收一些零散税款的一种税款征收方式。根据国家法律、行政法规授权，将国家赋予其的部分征税权，委托其他部门和单位代为行使，并通过部门和单位的代征行为将税款缴入国库。目前，各地对零散、不易控管的税源，大多是委托街道办事处、居委会、乡政府、村委会和交通管理部门等代征税款。

委托代征与代扣、代缴三者虽然都是依法代税务机关收税，但它们之间是有明显区别的。委托代征，特别是国家法律、行政法规明文规定委托其他行政机关代行税务机关部分行政职权的行政行为，如海关代征进口环节的流转税，除了行使税收征收权外，还可行使部分检查权和处罚权；代扣、代收只能行使税收征收权。对扣缴义务人来说，代扣、代收税款是对国家应尽的法定义务，不是委托与受托关系，而是义务关系，不存在接受不接受的问题。

(八)其他征收方式

除以上所述方式外，还有其他的税款征收方式，如邮寄申报纳税、自计自填自缴、自报核缴方式等。邮寄申报纳税是指纳税人在邮寄纳税申报表的同时，经税务机关审核，汇寄并解缴税款的方式。

二、核定应纳税额

(一)核定应纳税额的对象

根据《税收征管法》的规定，纳税人(包括单位纳税人和个人纳税人)有下列情形之一的，税务机关有权核定其应纳税额：

① 依照法律、行政法规的规定可以不设置账簿的；

② 依照法律、行政法规的规定应当设置但未设置账簿的；

③ 擅自销毁账簿或者拒不提供纳税资料的；

④ 虽设置账簿，但账目混乱或者成本资料、收入凭证、费用凭证残缺不全，难以查账的；

⑤ 发生纳税义务，未按照规定的期限办理纳税申报，经税务机关责令限期申报，逾期仍不申报的；

⑥ 纳税人申报的计税依据明显偏低，又无正当理由的；

⑦ 未按照规定办理税务登记的从事生产、经营的纳税人以及临时经营的纳税人。

对于未按照规定办理税务登记的从事生产、经营的纳税人以及临时从事经营的纳税人，由税务机关核定其应纳税额责令缴纳，不缴纳的，税务机关可以扣押其价值相当于应纳税款的商品、货物。扣押后缴纳应纳税款的，税务机关必须立即解除扣押，并归还所扣押的商品、货物；扣押后仍不缴纳应纳税款的，经县以上税务局(分局)局长批准，依法拍卖或者变卖所扣押的商品、货物，以拍卖或者变卖所得抵缴税款。

(二)核定应纳税额的方式

(1) 参照当地同类行业或者类似行业中经营规模和收入水平相近的纳税人的收入额和利润率核定。

(2) 按照成本加合理费用和利润的方法核定。

(3) 按照耗用的原材料、燃料、动力等推算或者测算核定。

(4) 按照其他合理的方法核定。

第三节 应交税金和其他应交款

一、应交税金概述

企业根据税法规定应当缴纳的各种税金包括：增值税、消费税、营业税、所得税、城市维护建设税、资源税、土地增值税、房产税、车船使用税、土地使用税、印花税、耕地占用税、契税以及在上缴国家之前，由企业代扣代缴的个人所得税等。

为了核算应交税金的形成及其交纳情况，企业应设置“应交税金”科目。该科目贷方登记应交纳的各种税金，借方登记实际交纳的税金。余额在贷方，表示企业尚未交纳的税金；余额在借方，表示多交或尚未抵扣的税金。本科目应按照应交税金的种类设置明细科目。上述税金中，除印花税、耕地占用税、契税等不需要预计应交税金外，其他税金均需通过“应交税金”科目核算。

二、应交增值税

增值税是指对我国境内销售货物、进口货物，或提供加工、修理修配劳务的增值额征收的一种流转税。

增值税的纳税人是在我国境内销售货物、进口货物，或提供加工、修理修配劳务的单位和个人。按照纳税人的经营规模及会计核算的健全程度，增值税纳税人分为一般纳税人和小规模纳税人。一般纳税人应纳增值税额根据当期销项税额减去当期进项税额计算确定；小规模纳税人应纳增值税额按照销售额和规定的征收率计算确定。

按照《中华人民共和国增值税暂行条例》规定，企业购入货物或接受应税劳务支付的增值税(即进项税额)，可从销售货物或提供劳务按规定收取的增值税(即销项税额)中抵扣。准予从销项税额中抵扣的进项税额通常包括：①从销售方取得的增值税专用发票上注明的增值税额；②从海关取得的完税凭证上注明的增值税额；③购进免税农产品或收购废旧物资，按照经税务机关批准的收购凭证上注明的价款或收购金额的一定比率计算的进项税额。

(一)一般纳税企业的账务处理

为了核算企业应交增值税的发生、抵扣、交纳、退税及转出等情况，应在“应交税金”科目下设置“应交增值税”和“未交增值税”两个明细科目。在“应交增值税”明细账内，应设置“进项税额”、“已交税金”、“转出未交增值税”、“减免税款”、“销项税额”、“出口退税”、“进项税额转出”、“出口抵减内销产品应纳税额”、“转出多交增值税”等专栏。月份终了，企业应将“应交增值税”明细科目的余额转入“未交增值税”明细科目。

“应交增值税”和“未交增值税”科目T形账户如图4-1所示。

1．一般物资购销业务

国内采购的物资，应按专用发票上注明的增值税税额，借记“应交税金——应交增值税(进项税额)”科目，按专用发票上记载的应当计入采购成本的金额，借记“原材料”、“库存商品”等科目，按应付或实际支付的金额，贷记“应付账款”、“应付票据”、“银行存款”等科目。购入物资发生的退货，作相反的会计分录。

【例 4-1】 某企业为增值税一般纳税人，本月采购材料一批，增值税专用发票上注明的价款为200 000元，增值税为34 000元。发票账单已到，材料验收入库，货款尚未支付。账务处理如下。

借：原材料　　200 000

　　应交税金——应交增值税(进项税额)　　34 000

　　贷：应付账款　　234 000

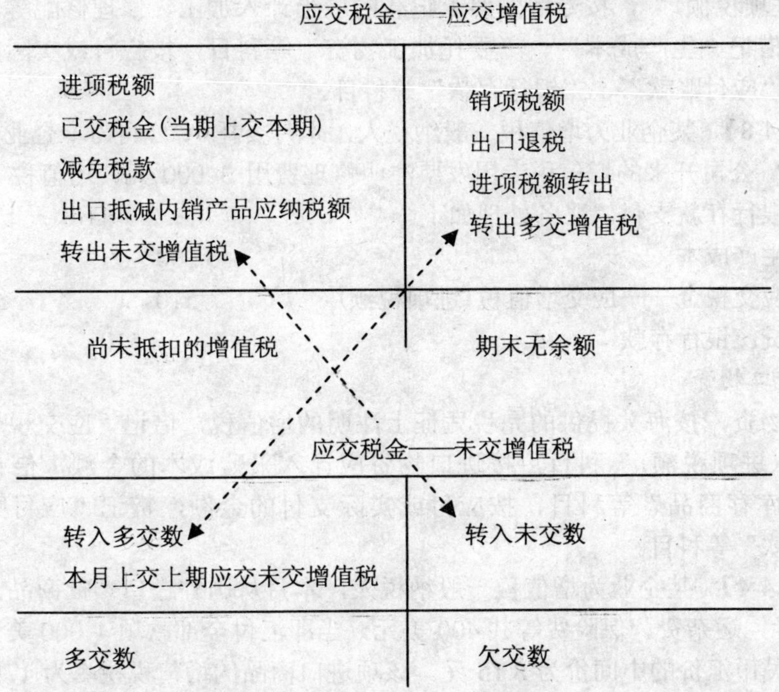

图4-1　"应交增值税"和"未交增值税"科目T形账户

2．接受投资

接受投资转入的物资，按专用发票上注明的增值税额，借记"应交税金——应交增值税(进项税额)"，按投资各方确定的价值，借记"原材料"等科目，按其在注册资本中所占有的份额，贷记"实收资本"科目，按其差额，贷记"资本公积"科目。

【例 4-2】 某企业为增值税一般纳税人，本月收到 A 公司作为资本投入的原材料一批，该批原材料成本为 200 万元，按规定确定的计税价格为 220 万元，增值税税率为 17%，并开具增值税专用发票，注明税额为 374 万元。假定双方确认的价值为 210 万元，A 公司在该企业注册资本中占有的份额为 230 万元。账务处理如下。

借：原材料　　2 100 000
　　应交税金——应交增值税(进项税额)　　374 000
　　贷：实收资本——A 公司　　2 300 000
　　　　资本公积——资本溢价　　174 000

3．接受应税劳务

接受应税劳务，按专用发票上注明的增值税税额，借记"应交税金——应交增值税(进项税额)”，按专用发票上记载的应当计入加工、修理修配等物资成本的金额，借记“生产成本”、“委托加工物资”等科目，按应付或实际支付的金额，贷记“应付账款”、“银行存款”等科目。

【例 4-3】 某企业为增值税一般纳税人，本月委托 A 公司为本企业修理生产用设备，A 公司开来的增值税专用发票注明修理费用 3 000 元，增值税 510 元，款项已用银行存款支付。账务处理如下。

借：生产成本　　3 000

　应交税金——应交增值税(进项税额)　　510

　贷：银行存款　　3 510

4．进口物资

进口物资，按海关提供的完税凭证上注明的增值税，借记“应交税金——应交增值税(进项税额)”科目，按进口物资应计入采购成本的金额，借记“原材料”、“库存商品”等科目，按应付或实际支付的金额，贷记“应付账款”、“银行存款”等科目。

【例 4-4】 某企业为增值税一般纳税人，本月从国外进口一批商品，货款为 3 600 美元，运杂费、保险费等共 400 美元，当即汇付全部款项 4 000 美元。当日美元的人民币汇价的中间价为 8.15 元。该项进口商品的增值税税率为 17%，填制增值税缴款书付讫。账务处理如下。

借：库存商品　　32 600

　应交税金——应交增值税(进项税额)　　5 542

　贷：银行存款　　38 142

5．购进免税农业产品

购进免税农业产品，按购入农业产品的买价和规定的扣除率计算的进项税额，借记“应交税金——应交增值税(进项税额)”科目，按买价减去按规定计算的进项税额后的差额，借记“原材料”、“库存商品”等科目，按应付或实际支付的价款，贷记“应付账款”、“银行存款”等科目。

【例 4-5】 某企业为增值税一般纳税人，本月收购免税农业产品一批，实际支付的价款为 100 000 元，该批产品已经验收入库。假定规定的扣除率为 10%。账务处理如下。

借：原材料　　90 000

　应交税金——应交增值税(进项税额)　　10 000

　贷：银行存款　　100 000

6．不予抵扣项目

按照增值税暂行条例及其实施细则的规定，企业购进固定资产、用于非应税项目的购进货物或者应税劳务等按规定不予抵扣增值税进项税额。

属于购入货物时即能认定其进项税额不能抵扣的，如购进固定资产、购入的货物直接用于免税项目、直接用于非应税项目，或者直接用于集体福利和个人消费的，进行会计处理时，其增值税专用发票上注明的增值税额，计入购入货物及接受劳务的成本。

购入货物用于按规定不能抵扣进项税额项目的，应将原已计入进项税额并已支付的增值税转入有关的承担者予以承担，通过“应交税金——应交增值税(进项税额转出)”科目转入“在建工程”、“应付福利费”、“待处理财产损溢”等科目。

【例 4-6】 某企业建造厂房领用生产用原材料价值 50 000 元，原材料购入时支付的增值税为 8 500 元。账务处理如下。

借：在建工程　　58 500

　　贷：原材料　　50 000

　　　　应交税金——应交增值税(进项税额转出)　　8 500

7．销售物资或提供应税劳务

销售物资或提供应税劳务(包括自产、委托加工或购买的货物分配给股东)，按实现的营业收入和按规定收取的增值税税额，借记“应收账款”、“应收票据”、“应付利润”等科目，按专用发票上注明的增值税额，贷记“应交税金——应交增值税(销项税额)”科目，按实现的营业收入，贷记“主营业务收入”等科目。发生的销售退回，作相反的会计分录。

【例 4-7】 某企业为增值税一般纳税人，本月销售产品一批，价款为 100 000 元，按规定应收取增值税税额为 17 000 元，提货单和增值税专用发票已经交给对方，款项尚未收到。账务处理如下。

借：应收账款　　117 000

　　贷：主营业务收入　　100 000

　　　　应交税金——应交增值税(销项税额)　　17 000

【例 4-8】 某企业为增值税一般纳税人，本月为外单位代加工包装箱 100 个，每个收取加工费 100 元，适用的增值税税率为 17%，加工完成，款项已经收到并存入银行。账务处理如下。

借：银行存款　　11 700

　　贷：主营业务收入　　10 000

　　　　应交税金——应交增值税(销项税额)　　1 700

【例 4-9】 某企业为增值税一般纳税人。该企业以自己生产的产品分配利润，产品的成本为 500 000 元，销售价格为 800 000 元(不含税)，产品适用的增值税税率为17%。账务处理如下。

借：应付利润　　　　936 000
　贷：主营业务收入　　　　800 000
　　应交税金——应交增值税(销项税额)　　　　136 000

8. 视同销售

企业将自产、委托加工或购买的货物作为投资，提供给其他单位或个体经营者；将自产、委托加工或购买的货物分配给股东或投资者；将自产、委托加工或购买的货物用于集体福利或个人消费，将自产、委托加工或购买的货物无偿赠送他人等行为，应视同销售货物，需要缴纳增值税，借记“在建工程”、“长期股权投资”、“营业外支出”等科目，贷记“应交税金——应交增值税（销项税额）”科目。

【例4-10】 某企业为增值税一般纳税人。现该企业用自产的产品对A公司投资，双方协议按成本作价。该批产品的成本为3 000 000元，按规定确定的计税价格为3 200 000元。假定该产品的增值税税率为17%，并开具增值税专用发票，注明税额为544 000元。账务处理如下。

借：长期股权投资　　　　3 544 000
　贷：库存商品　　　　3 000 000
　　应交税金——应交增值税(销项税额)　　　　544 000

9. 有出口物资的企业，其出口退税按以下规定处理

(1) 实行“免、抵、退”办法的生产性企业，按规定计算的当期出口物资不予免征、抵扣和退税的税额，计入出口物资成本；借记“主营业务成本”科目，贷记“应交税金——应交增值税(进项税额转出)”科目。按规定计算的当期应予抵扣的税额，借记“应交税金——应交增值税(出口抵减内销产品应纳税额)”科目，贷记“应交税金——应交增值税(出口退税)”科目。因应抵扣的税额大于应纳税额而未全部抵扣，按规定应予退回的税款，借记“应收账款”科目，贷记“应交税金——应交增值税(出口退税)”科目；收到退回的税款，借记“银行存款”科目，贷记“应收账款”科目。

(2) 未实行“免、抵、退”办法的企业，物资出口销售时，按当期出口物资应收的款项及按规定计算的应收出口退税的合计金额，借记“应收账款”等科目，按规定计算的不予退回的税金，借记“主营业务成本”科目，按当期出口物资实现的营业收入，贷记“主营业务收入”科目，按规定计算的增值税，贷记“应交税金——应交增值税(销项税额)”科目。收到退回的税款，借记“银行存款”科目，贷记“应收账款”科目。

【例4-11】 某小企业为增值税一般纳税人。该企业购入一批货物500 000

元，进项税额 85 000 元，假设该批商品全部出口，收到货款 800 000 元。按规定其进项税额的 20%不予抵扣，40%抵内销产品应纳的增值税，40%从税务局退税。账务处理如下。

借：主营业务成本　17 000

　　应交税金——应交增值税(出口抵减内销产品应纳税额) 34 000

　　银行存款　34 000

　　贷：应交税金——应交增值税(出口退税)　68 000

　　　　　　　　——应交增值税(进项税额转出)　17 000

10. *交纳增值税及结转应交未交或多交增值税*

根据增值税条例规定，增值税纳税期限分别为 1 日、3 日、5 日、10 日、15 日或者 1 个月。纳税人的具体纳税期限，由税务机关根据纳税人应纳税额的大小分别核定。纳税人以一个月为一期纳税的，自期满之日起 10 日内申报纳税；以 1 日、3 日、5 日、10 日、15 日为一期纳税的，自期满之日起 5 日内预缴税款，于次月 1 日至 10 日内申报纳税并结清上月应纳税款。企业在交纳增值税时，应区分本月交纳的是本月的应交增值税还是上月的应交增值税，二者账务处理不同。本月交纳本月的增值税，借记“应交税金——应交增值税(已交税金)”科目，贷记“银行存款”科目。本月交纳上期应交增值税，借记“应交税金——未交增值税”科目，贷记“银行存款”科目。

月度终了，企业应将本月应交未交增值税自“应交税金——应交增值税”科目转入“应交税金——未交增值税”科目，借记“应交税金——应交增值税(转出未交增值税)”科目，贷记“应交税金——未交增值税”科目。如本月为多交增值税的，应将本月多交的增值税自“应交税金——应交增值税(转出多交增值税)”科目转入“应交税金——未交增值税”科目，借记“应交税金——未交增值税”科目，贷记“应交税金——应交增值税(转出多交增值税)”科目。结转后，“应交税金——应交增值税”科目的期末借方余额，反映尚未抵扣的增值税。

【例 4-12】 某企业为一般纳税人，适用的增值税税率为 17%，2006 年发生以下经济业务。

① 1 月初“应交税金——未交增值税”贷方余额 1 000 000 元；1 月份增值税进项税额 340 000 元，增值税销项税额 510 000 元，当月用银行存款交纳当月增值税 50 000 元，交纳上月增值税 1 000 000 元；1 月末转出多交增值税或未交增值税。

② 2 月份增值税进项税额 255 000 元，增值税销项税额 170 000 元，用银行存款交纳当月增值税 100 000 元，并将上月未交增值税全部交清。2 月末转出多交增值税或未交增值税。

① 1月份账务处理如下。

借：应交税金——应交增值税(已交税金) 50 000

应交税金——未交增值税 1 000 000

贷：银行存款 1 050 000

1月末未交增值税＝(510 000－340 000－50 000)元＝120 000元

借：应交税金——应交增值税(转出未交增值税) 120 000

贷：应交税金——未交增值税 120 000

② 2月份账务处理如下。

借：应交税金——应交增值税(已交税金) 100 000

应交税金——未交增值税 120 000

贷：银行存款 220 000

2月末多交增值税100 000元时：

借：应交税金——未交增值税 100 000

贷：应交税金——应交增值税(转出多交增值税) 100 000

2月末，企业“应交税金——应交增值税”的余额为85 000元，借方余额，反映待抵扣的进项税额。2月末，企业“应交税金——未交增值税”的余额为100 000元，借方余额，反映转出的多交增值税。

(二)小规模纳税企业的账务处理

小规模纳税企业需要按照销售额的一定比例交纳增值税，不享有进项税额的抵扣权，其购进货物和接受应税劳务时支付的增值税，直接计入有关货物和劳务的成本。销售货物和提供应税劳务时只能使用普通发票，不得使用增值税专用发票，因此，小规模纳税企业只需在“应交税金”科目下设置“应交增值税”明细科目，不需要在“应交增值税”明细科目中设置专栏。“应交税金——应交增值税”科目贷方登记应交纳的增值税，借方登记已交纳的增值税，期末贷方余额为尚未交纳的增值税，借方余额为多交纳的增值税。

【例4-13】 某小规模纳税企业购入材料一批，取得的专用发票中注明货款为20 000元，增值税为3 400元，款项以银行存款支付，材料已验收入库(该企业按实际成本计价核算)。账务处理如下。

借：原材料 23 400

贷：银行存款 23 400

【例4-14】 某小规模纳税企业销售产品一批，所开出的普通发票中注明的货款(含税)为21 200元，增值税征收率为6%，款项已存入银行。账务处理如下。

不含税销售额＝含税销售额/(1＋征收率)

＝[21 200÷(1＋6％)]元＝20 000 元

应纳增值税＝不含税销售额×征收率

＝(20 000×6％)元＝1 200 元

借：银行存款 21 200

贷：主营业务收入 20 000

应交税金——应交增值税 1 200

【例 4-15】 承例 4-14，该小规模纳税企业月末以银行存款上缴增值税 1 200 元。账务处理如下。

借：应交税金——应交增值税 1 200

贷：银行存款 1 200

三、应交消费税

消费税是指在我国境内生产、委托加工和进口应税消费品的单位和个人，按其流转额交纳的一种税。应计征消费税的消费品包括烟、酒及酒精、汽油、柴油、小汽车、汽车轮胎等。消费税有从价定率和从量定额两种征收方法。采取从价定率方法征收的消费税，以不含增值税的销售额为税基，按照税法规定的税率计算。企业的销售收入包含增值税的，应将其换算为不含增值税的销售额。采取从量定额计征的消费税，根据按税法确定的企业应税消费品的数量和单位应税消费品应缴纳的消费税计算确定。

企业应在“应交税金”科目下设置“应交消费税”明细科目核算企业应交纳的消费税。该科目贷方登记应交纳的消费税，借方登记已交纳的消费税，期末贷方余额为尚未交纳的消费税，借方余额为多交纳的消费税。

1. 销售应税消费品

企业销售需要交纳消费税的物资应交的消费税，借记“主营业务税金及附加”科目，贷记“应交税金——应交消费税”科目。

【例 4-16】 某企业销售生产的化妆品，价款为 100 000 元(不含增值税)，适用的消费税税率为 30％。账务处理如下。

借：主营业务税金及附加 30 000

贷：应交税金——应交消费税 30 000

2. 自产自用应税消费品

企业将生产的应税消费品用于在建工程或职工福利部门等非生产机构时，按规定应交纳的消费税，借记“在建工程”、“应付福利费”等科目，贷记“应交税金——应交消费税”科目。

【例 4-17】 某企业福利部门领用自产产品一批，该产品的账面价值为 40 000 元，市场价格为 60 000 元(不含增值税)，适用的消费税税率为 10%，增值税税率为 17%。

应计入“应付福利费”科目的金额＝(40 000＋60 000×17%＋60 000×10%)元
＝56 200 元

借：应付福利费　　56 200
　贷：库存商品　　40 000
　　应交税金——应交增值税(销项税额)　　10 200
　　　　　——应交消费税　　6 000

3. 委托加工应税消费品

企业需要交纳消费税的委托加工物资，于委托方提货时，由受托方代收代缴税款(除受托加工或翻新改制金银首饰按规定由受托方交纳消费税外)。委托加工物资收回后，直接用于销售的，将代收代缴的消费税计入委托加工物资的成本，借记“委托加工物资”等科目，贷记“应付账款”、“银行存款”等科目；委托加工物资收回后用于连续生产，按规定准予抵扣的，对于代收代缴准予抵扣的消费税，借记“应交税金——应交消费税”科目，贷记“应付账款”、“银行存款”等科目。

【例 4-18】 某企业委托 A 公司加工产品一批，由受托方代收代缴消费税 1 000 元，与加工费一起已用银行存款支付。产品加工完毕，验收入库，准备直接对外销售。账务处理如下。

借：委托加工物资　　1 000
　贷：银行存款　　1 000

【例 4-19】 承例 4-18，假定该企业收回委托加工的产品后用于连续生产。账务处理如下。

借：应交税金——应交消费税　　1 000
　贷：银行存款　　1 000

4. 进口应税消费品

需要交纳消费税的进口物资，其交纳的消费税应计入该项物资的成本，借记“固定资产”、“原材料”、“库存商品”等科目，贷记“银行存款”等科目。

【例 4-20】 某企业从国外进口应税消费品一批，关税完税价格为 100 000 元，关税为 5 000 元，适用消费税税率为 30%，用银行存款支付。账务处理如下。

消费税组成计税价格＝(100 000＋5 000)元/(1－30%)＝150 000 元

应交消费税＝(150 000×30%)元＝45 000 元

进口消费品成本＝(105 000＋45 000)元＝150 000 元

借：库存商品　　150 000

　　贷：银行存款　　150 000

四、应交营业税

营业税是对在我国境内提供应税劳务、转让无形资产或销售不动产的单位和个人征收的流转税。其中，应税劳务是指属于交通运输业、建筑业、金融保险业、邮电通信业、文化体育业、娱乐业、服务业税目征收范围的劳务，不包括加工、修理修配等劳务；转让无形资产，是指转让无形资产的所有权或使用权的行为；销售不动产，是指有偿转让不动产的所有权，转让不动产的有限产权或永久使用权，以及单位将不动产无偿赠与他人等视同销售不动产的行为。

营业税以营业额作为计税依据。营业额是指纳税人提供应税劳务、转让无形资产和销售不动产而向对方收取的全部价款和价外费用。税率为3%～20%。

为了核算应交营业税及其交纳情况，应在“应交税金”科目下设置“应交营业税”明细科目，贷方登记应交纳的营业税，借方登记已交纳的营业税，期末贷方余额为尚未交纳的营业税。 企业按照营业额及其适用的税率，计算应交的营业税，借记“主营业务税金及附加”、“固定资产清理”等科目，贷记“应交税金——应交营业税”科目；实际上交时，借记“应交税金——应交营业税”科目，贷记“银行存款”科目。

【例4-21】 某企业对外提供运输劳务，收入为350 000元，营业税税率为3%。用银行存款上交营业税10 000元。账务处理如下。

① 计算营业税时：

借：主营业务税金及附加　　10 500

　　贷：应交税金——应交营业税　　10 500

② 交纳营业税时：

借：应交税金——应交营业税　　10 000

　　贷：银行存款　　10 000

【例4-22】 某企业销售原托儿所用房，取得收入为400 000元，已存入银行。销售该项固定资产适用的营业税税率为5%。账务处理如下。

借：固定资产清理　　20 000

　　贷：应交税金——应交营业税　　20 000

五、其他应交税金

其他应交税金是指除上述应交税金以外的应交税金，包括城市维护建设税、土地增值税、资源税、所得税、个人所得税、房产税、土地使用税、车船使用税、印花税等。以下简要介绍应交城市维护建设税、应交土地增值税和应交资源税的核算(所得税等其他税金的核算在以后各章节都有详述)。

1. 应交城市维护建设税

城市维护建设税是以增值税、消费税、营业税为计税依据征收的一种税。其纳税人为交纳增值税、消费税、营业税的单位和个人，税率因纳税人所在地不同而不等，为1%～7%。

为了核算城市维护建设税的应交及实交情况，企业应设置“应交税金——应交城市维护建设税”科目，借方登记已交纳的城市维护建设税，贷方登记应交纳的城市维护建设税，期末贷方余额表示尚未交纳的城市维护建设税。企业计算出应交城市维护建设税，借记“主营业务税金及附加”等科目，贷记“应交税金——应交城市维护建设税”科目；实际交纳时，借记“应交税金——应交城市维护建设税”科目，贷记“银行存款”科目。

【例 4-23】 某小企业本期实际应交增值税为 102 000 元、消费税为 5 800 元、营业税为 1 050 元。该企业适用的城市维护建设税税率为 7%。账务处理如下。

本期应交城市维护建设税＝(102 000＋5 800＋1 050)元×7%

＝7 619.50 元

借：主营业务税金及附加　　7 619.50

　贷：应交税金——应交城市维护建设税　　7 619.50

2. 应交土地增值税

土地增值税是指在我国境内有偿转让土地使用权及地上建筑物和其他附着物产权的单位和个人，就其土地增值额征收的一种税。土地增值额是指转让收入减去规定扣除项目金额后的余额。转让收入包括货币收入、实物收入和其他收入。扣除项目主要包括取得土地使用权所支付的金额、开发土地的费用、新建及配套设施的成本、旧房及建筑物的评估价格等。

为了核算土地增值税的应交及实交情况，企业应设置“应交税金——应交土地增值税”科目，贷方登记应交纳的土地增值税，借方登记已交纳的土地增值税，期末贷方余额表示尚未交纳的土地增值税。企业计算出应交土地增值税，借记“固定资产清理”、“在建工程”等科目，贷记“应交税金——应交土地增值税”科目；实际交纳时，借记“应交税金——应交土地增值税”科目，贷记“银行存款”科目。

【例 4-24】 某企业连同国有土地使用权一起转让房屋一幢，按照规定应交纳土地增值税 5 000 元。账务处理如下。

① 转让时：

借：固定资产清理　　5 000

　　贷：应交税金——应交土地增值税　　5 000

② 缴纳税金时：

借：应交税金——应交土地增值税　　5 000

　　贷：银行存款　　5 000

3. *应交资源税*

资源税是对在我国境内开采矿产品或者生产盐的单位和个人征收的税。资源税按照应税产品的课税数量和规定的单位税额计算。开采或生产应税产品对外销售的，以销售数量为课税数量；开采或生产应税产品自用的，以自用数量为课税数量。

企业应设置“应交税金——应交资源税”科目核算资源税的发生和交纳情况。该科目的借方登记已交纳的资源税，贷方登记应交纳的资源税，期末贷方余额反映尚未交纳的资源税。企业计算出对外销售应税产品而应交纳的资源税，借记“主营业务税金及附加”科目，贷记“应交税金——应交资源税”科目；企业计算出自产自用应税产品而应交纳的资源税，借记“生产成本”、“制造费用”等科目，贷记“应交税金——应交资源税”科目。交纳的资源税，借记“应交税金——应交资源税”科目，贷记“银行存款”等科目。

【例 4-25】 某企业本月销售矿产品 100 吨，每吨应交纳的资源税为 10 元。计算本月交纳的资源税额。账务处理如下。

借：主营业务税金及附加　　1 000

　　贷：应交税金——应交资源税　　1 000

【例 4-26】 某小企业本月自产自用矿产品 10 吨，每吨应交纳的资源税为 20 元，计算本月交纳的资源税额。账务处理如下。

借：生产成本　　200

　　贷：应交税金——应交资源税　　200

六、其他应交款

其他应交款是指企业除应交税金、应付股利等以外的其他各种应交的款项，包括应交的教育费附加、矿产资源补偿费等。

教育费附加是为了发展教育事业而向企业征收的附加费用，企业按应交流转税的一定比例计算交纳。矿产资源补偿费是对在我国领域和管辖海域开采矿产资源而征收的费用。矿产资源补偿费按照矿产品销售收入的一定比例计征，由采矿人交纳。

企业应设置“其他应交款”科目，借方登记实际交纳的款项，贷方登记应交教育费附加、应交矿产资源补偿费等其他应交的各种款项；期末贷方余额反映企业尚未交纳的其他应交款项，期末借方反映企业多交的其他应交款项。本科目应按其他应交款的种类设置明细账。

企业按规定计算应交纳的各种款项，借记“主营业务税金及附加”、“其他业务支出”、“管理费用”等科目，贷记“其他应交款”科目；交纳时，借记“其他应交款”科目，贷记“银行存款”科目。

【例 4-27】 某企业按税法规定计算，2006 年度应交纳教育费附加 500 000 元，已经用银行存款支付。账务处理如下。

借：主营业务税金及附加　　500 000

　　贷：其他应交款——应交教育费附加　　500 000

借：其他应交款——应交教育费附加　　500 000

　　贷：银行存款　　500 000

本章小结

税务管理包括税务登记管理、发票管理和纳税申报管理等几个部分的内容。税务登记是税收管理工作的首要环节，是征纳双方法律关系成立的依据和证明。从事生产经营的纳税人，经国家工商行政管理部门批准开业后应向税务机关办理开业税务登记。纳税人在办理税务登记后，原登记的内容发生变化时向原税务机关申报办理变更税务登记。纳税人在发生解散、破产、撤销以及依法终止履行纳税义务的其他情形时，向原登记税务机关申请办理注销登记。发票是确定经营收支行为发生的法定凭证，是会计核算的原始依据，也是税务稽查的重要证据。纳税申报是纳税人履行纳税义务、税务机关界定纳税人法律责任的主要依据，是税务机关办理征收业务、核实应征税款、开具纳税凭证的重要制度。

企业根据税法规定应当缴纳的各种税金包括：增值税、消费税、营业税、所得税、城市维护建设税、资源税、土地增值税、房产税、车船使用税、土地使用税、印花税、耕地占用税、契税以及在上缴国家之前，由企业代扣代缴的个人所得税等。增值税、营业税和消费税统称为流转税，是所有税金最常见也是最重要的税种。增值税纳税人分为一般纳税人和小规模纳税人。一般纳税人应纳增值税额，根据当期销项税额减去当期进项税额计算确定；小规模纳税人应纳增值税额，按照销售额和规定的征收率计算确定。城市维护建设税和教育费附加都是以流转税额为基数计提并缴纳的地方税种。

复习思考题

一、问答题

1. 什么是税务登记？税务登记包括哪些内容？

2. 什么是增值税专用发票？哪些情形不得开具增值税专用发票？对其开具时限是如何规定的？

3. 纳税人销售货物并向购买方开具专用发票后，如发生退货或销售折让，如何办理？

4. 什么是纳税申报，纳税申报包括哪些内容？有哪几种申报方式？

5. 我国的税款征收主要有哪几种方式？

6. 哪些税种要通过“应交税金”科目核算？哪些税种不需要通过“应交税金”科目核算？

7. 一般纳税人企业不予抵扣增值税包括哪些项目？

二、实训题

实训 1

目的：练习应交增值税的核算。

资料：A 公司为增值税一般纳税人企业，增值税税率为 17%，存货按实际成本计价核算，本月发生有关增值税(本题不考虑应缴的其他税费)业务如下：

(1) 购进生产用材料一批，增值税专用发票注明买价 500 000 元，增值税 85 000 元，同时支付供应单位代垫运杂费 15 000 元(其中运输费 10 000 元)，材料已验收入库，价税款以银行存款支付。

(2) 收购免税农产品一批，用于产品生产，收购价 160 000 元。产品已验收入库，收购款以银行本票给付。

(3) 购进固定资产建设工程用货物一批，增值税专用发票注明价款为 200 000 元，增值税 34 000 元，价税款以银行存款支付。

(4) 向其他单位捐赠产成品一批，成本 80 000 元，计税售价 100 000 元。

(5) 在建工程领用商品产品一批，成本 56 000 元，计税售价 80 000 元。

(6) 销售产成品一批，计销售收入 1 200 000 元，增值税 204 000 元，价税款收存银行。

(7) 医务福利部门领用库存原材料一批 90 000 元，应负担进项增值税额 15 300 元。

(8) 以银行存款上交本月增值税 100 000 元。

(9) 计算月末未交或多交增值税，并进行结转。

要求：计算 A 公司本月应交增值税额，并根据上述资料编制相应的会计分录。

实训 2

目的：练习应交税金和其他应交款的核算。

资料：

(1) A企业出售旧厂房一幢，价款400 000元，营业税税率为5%，价款收存银行，计算结转应交营业税。

(2) B企业委托外单位加工材料一批，计耗用原材料实际成本60 000元，以存款支付加工费5 700元，增值税969元(取得专用发票)，受托方代扣代缴消费税7 300元。收回的加工材料60%用于继续生产产品；40%直接用于出售。计算结转应交消费税。消费税税率为10%。

(3) C企业5月份主营业务应缴纳增值税800 000元，消费税60 000元，租赁业务应纳营业税10 000元。城市维护建设税税率为7%，教育费附加征收率为3%。计算结转企业5月份应交城市维护建设税和应交教育费附加。

要求：根据上述资料，计算企业应交的相关税金的金额，并编制相应的会计分录。

第五章 长期负债

学习提示

长期负债是指偿还期在一年或者超过一年的一个营业周期以上的债务，包括长期借款、应付债券、长期应付款等。举借长期负债是企业的筹资策略，并能对企业的生产经营活动产生重大影响。

长期负债是指偿还期在一年或者超过一年的一个营业周期以上的债务。长期负债是企业向债权人筹集的，可供长期使用的资金，主要包括长期借款、应付债券和长期应付款等。与流动负债相比较，长期负债具有偿还期限较长、可以分期偿还、债务金额较大等特点。多数长期负债是由于长期性的经营活动(如建设新厂房)所导致的。这些活动收回投资所需时间较长，因而通常需要以长期资金支持，以免发生财务困难。而企业的长期资金来源除了所有者权益之外，全部为长期负债，因此长期负债在企业的经营活动中发挥着重要作用。

第一节 长期借款

一、长期借款核算的内容

长期借款是指企业向银行等金融机构借入的偿还期在一年以上的各种款项，一般用于固定资产的购建、改扩建工程、大修理工程、对外投资以及为了保持长期经营能力等方面。

为了总括地反映和监督企业长期借款的借入、应计利息和归还本息的情况，应设置“长期借款”科目。本科目的贷方登记长期借款本息的增加额，借方登记本息的减少额，贷方余额表示企业尚未偿还的长期借款的本息。本科目应当按照贷款单位设置明细账，并按借款种类进行明细分类核算。

二、长期借款的核算

(一)取得长期借款

企业借入长期借款并将取得的款项存入银行时，应借记“银行存款”科目，贷记“长期借款”科目；如果已经直接将借款购置了固定资产或用于在建工程项目，则应借记“固定资产”或“在建工程”科目，贷记“长期借款”科目。

【例 5-1】 某企业于 2006 年 11 月 30 日从建设银行借入资金 2 000 000 元，借款期限为 3 年，年利率为 12%(到期一次还本付息，不计复利)。所借款项已存入银行。企业用该借款于当日购买不需安装的设备一台，价款 1 900 000 元，另支付运杂费及保险等费用 100 000 元，设备已于当日投入使用。有关会计处理如下。

① 取得借款时：

借：银行存款　　2 000 000

　　贷：长期借款　　2 000 000

② 支付设备款和运杂费、保险费时：

借：固定资产　　2 000 000

　　贷：银行存款　　2 000 000

(二)长期借款利息的处理

长期借款所发生的利息支出，应当按权责发生制的原则按期预提并计入有关科目：属于筹建期间的，借记“长期待摊费用”，贷记“长期借款”科目。属于生产经营期间的，借记“财务费用”科目，贷记“长期借款”科目。如果长期借款用于购建、改扩建固定资产的，在固定资产尚未达到预定可使用状态前应计算所发生的应当资本化的利息支出数，计入所购建或改扩建固定资产的价值，借记“在建工程”科目，贷记“长期借款”科目；固定资产达到预定可使用状态后发生的利息支出，以及按规定不能予以资本化的利息支出，应借记“财务费用”科目，贷记“长期借款”科目。

【例 5-2】 承例 5-1，企业于 2006 年末预提借款利息 20 000 元。

借：财务费用　　20 000

　　贷：长期借款　　20 000

2007 年 1 月至 2009 年 10 月末各月预提利息分录同上。

(三)归还长期借款

归还长期借款的本金和利息时，应按归还的金额，借记“长期借款”等科目，贷记“银行存款”科目。

【例 5-3】 承例 5-1、例 5-2，2009 年 11 月 30 日，企业偿还该笔银行借款本息。

借：财务费用　　20 000
　　长期借款　　2 700 000
　　贷：银行存款　　2 720 000

第二节　应付债券

一、应付债券核算的内容

债券是企业为筹集长期使用资金而发行的一种书面凭证。企业通过发行债券取得资金是以将来履行归还购买债券者的本金和利息的义务作为保证的。企业发行的期限在一年以上(不含一年)的长期债券构成了企业的一项长期负债。

债券的发行方式有三种，即面值发行、溢价发行和折价发行。如果债券的票面利率与同期银行存款利率相同，可按票面价值发行，称为面值发行。如果其他条件不变，当债券的票面利率高于同期银行存款利率时，可按超过债券票面价值的价格发行，称为溢价发行。溢价是企业以后各期多付利息而事先得到的补偿。如果债券的票面利率低于同期银行存款利率，可按低于债券面值的价格发行，称为折价发行。折价是企业以后各期少付利息而预先给投资者的补偿。溢价或折价是发行债券企业在债券存续期内对利息费用的一种调整。

为了全面地反映和监督企业应付债券的发行、计息、溢(折)价摊销及还本付息的情况，应设置“应付债券”科目。该科目的贷方登记应付债券的本金和利息，借方登记归还的债券本金和利息，期末贷方余额表示企业尚未归还的债券本金和利息。在“应付债券”科目下应设置“债券面值”、“债券溢价”、“债券折价”、“应计利息”四个明细科目，并按债券的种类进行明细核算。

二、应付债券的核算

应付债券的核算主要包括债券发行的核算、债券利息的核算、债券折价与溢价摊销的核算、债券还本付息的核算等内容。

(一)债券发行的核算

无论按面值发行，还是溢价发行或折价发行，均按债券面值借记“银行存款”、“现金”科目，贷记“应付债券——债券面值”科目。

(二)债券溢价、折价的摊销

债券溢价或折价应在债券存续期间内系统、合理地摊销，即债券溢价应逐期在利息费用中扣除，债券折价应逐期转作利息费用。摊销方法一般采用直线法。直线法是指将债券的溢价或折价平均分摊于各期的一种摊销方法。

企业分期计提利息、摊销债券溢价或折价时，应区别情况自理。

① 面值发行债券应计提的利息，借记“在建工程”、“财务费用”等科目，贷记“应付债券——应计利息”或“应付利息”科目。

② 溢价发行债券，按应摊销的溢价金额，借记“应付债券——债券溢价”科目，按应计利息与溢价摊销的差额，借记“在建工程”、“财务费用”等科目，按应计利息，贷记“应付债券——应计利息”或“应付利息”科目。

③ 折价发行债券，按应摊销的折价金额和应计利息之和，借记“在建工程”、“财务费用”等科目，按应摊销折价金额，贷记“应付债券——应计利息”或“应付利息”科目。

【例 5-4】 某企业于 2006 年 12 月 31 日发行 5 年期一次还本付息的企业债券 1 000 000 元，实际发行价格 1 050 000 元，债券利息在每年 6 月 30 日及 12 月 31 日支付，票面率为年利率 6%。假定债券发行时的市场利率为 5%。企业根据上述资料，采用直线法摊销债券溢价。

每期应支付利息＝(1 000 000×6%)元÷2＝30 000 元

每期应摊销溢价＝(50 000÷10)元=5 000 元

每期应计利息费用＝(30 000－5 000)元＝25 000 元

该企业有关账务处理如下。

① 企业溢价发行债券时：

借：银行存款	1 050 000	
贷：应付债券——债券面值		1 000 000
——债券溢价		50 000

② 每半年计息时：

借：财务费用等	25 000	
应付债券——债券溢价	5 000	
贷：应付利息		30 000

③ 按期归还债券利息时：

借：应付利息	30 000	
贷：银行存款		30 000

(三)债券的偿还

债券的偿还有到期一次还本付息和一次还本、分期付息等方式。采用一次还本付息方式的，企业应于债券到期支付债券本息时，借记“应付债券——债券面值”、“应计利息”科目，贷记“银行存款”科目；采用一次还本、分期付息方式的，在每期支付利息时，借记“应付利息”科目，贷记“银行存款”科目，债券到期偿还本金时，借记“应付债券——债券面值”科目，贷记“银行存款”科目。

第三节　长期应付款

长期应付款，是指企业采用补偿贸易方式引进国外设备或融资租入固定资产，在尚未偿还价款或尚未支付租赁费前形成的一项长期负债。长期应付款主要包括采用补偿贸易方式下引进国外设备价款、应付融资租入固定资产的租赁费等。

一、应付补偿贸易引进设备款

补偿贸易是指企业从国外引进设备，再用该设备生产的产品归还设备价款。企业按照补偿贸易方式引进设备时，应按设备、工具、零配件等的价款以及国外运杂费的外币金额和规定的汇率折合为人民币记账，借记“在建工程”、“原材料”等科目，贷记“长期应付款——应付补偿贸易引进设备款”科目。

企业用人民币借款支付进口关税、国内运杂费和安装费时，借记“在建工程”、“原材料”等科目，贷记“银行存款”、“长期应付款——应付补偿贸易引进设备款”科目。

按补偿贸易方式引进的国外设备交付验收使用时，应将其全部价值入账，借记“固定资产”科目，贷记“在建工程”科目。

归还引进设备款时，借记“长期应付款——应付补偿贸易引进设备款”科目，贷记“银行存款”、“应收账款”等科目。

二、应付融资租入固定资产租赁费

融资租入的固定资产，应在租赁开始日按租赁资产的原账面价值与最低租赁付款额的现值两者较低者，作为融资租入固定资产的入账价值，借记“在建工程”、“固定资产”等科目，按最低租赁付款额作为长期应付款的入账价值，贷记“长期应付款——应付融资租赁款”科目，并将两者的差额，作为未确认融资费用，借记“未确认融资费用”科目。

如果融资租赁资产占企业资产总额的比例等于或低于 30%的，应在租赁开始日按最低租赁付款额作为融资租赁固定资产和长期应付款的入账价值，借记“在建工程”、“固定资产”等科目，贷记“长期应付款——应付融资租赁款”科目。

本章小结

长期负债是指偿还期在一年或者超过一年的一个营业周期以上的债务，包括长期借款、应付债券、长期应付款等。与流动负债相比，长期负债具有偿还期限较长、可以分期偿还、债务金额较大等特点。

复习思考题

一、问答题

1．什么是长期负债？长期负债包括哪些内容？

2．什么是长期借款？长期借款的利息如何处理？

3．债券有哪几种发行方式？应付债券的利息如何处理？债券溢价发行与折价发行如何进行摊销？

二、实训题

实训 1

目的：练习长期借款的核算。

资料：某企业为建造一条生产线，于 2000 年 1 月 1 日从银行取得为期 3 年的借款 400 万元，年利率为 6%(不计复利)，到期一次还本付息。1 月 3 日企业预付工程款 300 万元。同年 12 月底工程完工并投入使用，补付工程款 100 万元。

要求：根据上述资料，编制相关的会计分录。

实训 2

目的：练习面值发行债券的核算。

资料：某公司为了筹集资金建设新厂按面值发生债券 200 万元，债券票面利率为 6%，期限两年，按年计息，到期一次还本付息。款已收存银行，另用存款 8 000 元支付债券的发行费用，取得冻结资金所产生的利息收入 2 000 元。所筹款项一次性用于厂房建设，建设期为一年。工程如期完工并交付生产使用。债券期满公司以银行存款一次性还本付息。

要求：根据上述资料，编制债券发行、计息和偿还的会计分录。

实训 3

目的：练习溢价发行债券的核算。

资料：某公司为了筹集资金建设新厂，于 2001 年 1 月 1 日溢价发行三年期债券，面值 400 万元，实收债券款 415 万元存入银行，债券票面利率为 7%，每年年末计息一次并分摊债券溢价。另外公司支付债券发行费用 4 万元，冻结资金所产生的利息收入 3 500 元。所筹款项一次性用于厂房建设，建设期为一年。工程如期完工并交付生产使用。债券期满公司一次性以银行存款还本付息。

要求：根据上述资料，编制债券发行、计息与溢价摊销和偿还的会计分录。

实训 4

目的：练习折价发行债券的核算。

资料：某公司为补充流动资金，于 2001 年 1 月 1 日发行二年期债券，债券面值 400 万元，实收债券款 380 万元存入银行。另用存款 3 万元支付债券的发行费用，取得冻结资金所产生的利息收入 4 000 元。债券票面利率为 6%，每年年末计息一次并分摊债券折价。债券期满公司一次性以银行存款还本付息。

要求：根据上述资料，编制债券发行、计息与折价摊销和偿还的会计分录。

第六章　收入、费用和利润

学习提示

收入是指企业在销售商品、提供劳务及让渡资产使用权等日常活动中所形成的经济利益的总流入。费用是指企业为销售商品、提供劳务等日常活动所发生的经济利益的流出。利润是指企业在一定会计期间的经营成果。净利润是指企业当期利润总额减去所得税后的金额，即企业的税后利润。企业当年形成的利润，应根据国家有关规定和投资者的协议进行分配。

第一节　收　　入

收入是指企业在销售商品、提供劳务及让渡资产使用权等日常活动中所形成的经济利益的总流入。收入不包括为第三方或客户代收的款项。

一、收入的特点和分类

(一)收入的特点

(1) 收入从企业的日常活动中产生，而不是从偶发的交易或事项中产生。企业在会计期间内增加的、除所有者投资以外的经济利益(通常称为收益)，既有从日常活动中产生的，也有从偶发的交易或事项中产生的。只有产生于企业的日常活动，属于企业主要的、经常性的收益才作为收入核算。

有些偶发的交易或事项也能为企业带来经济利益，但通常不经过经营过程就能取得或属于企业不曾期望获得的收益，这些流入企业的经济利益属于利得而不是收入。例如，出售固定资产，因固定资产是为使用而不是为出售而购入的，将固定资产出售并不是企业的经营目标，出售固定资产取得的收益不作为收入核算。

(2) 收入表现为企业资产的增加或负债的减少。收入可能表现为企业资产的增加，如银行存款、应收账款等的增加，也可能表现为企业负债的减少，如预收账款等的减少，或者二者兼而有之。

(3) 收入能引起企业所有者权益的增加。收入能增加资产或减少负债或二者兼而有之。因此，根据“资产－负债＝所有者权益”的等式，企业所取得的收入一定能增加企业的所有者权益。

(4) 收入只包括本企业经济利益的流入，不包括为第三方或客户代收的款项，如企业代国家收取的增值税、代客户收取的受托代销商品款等。代收的款项，一方面增加企业的资产，另一方面增加企业的负债，因此不增加企业的所有者权益，也不属于本企业经济利益的流入，不能作为本企业的收入。

(二)收入的分类

1．按性质不同分类

收入按性质不同，可以分为销售商品的收入、提供劳务的收入和让渡资产使用权的收入。

(1) 销售商品的收入主要指取得货币资产方式的商品销售。这里的商品主要包括企业为销售而生产或购进的商品，如工业企业生产的产品、商品流通企业购进的商品等。企业销售的其他存货如原材料、包装物等也视同商品。但企业以商品进行投资、捐赠、抵偿债务及自用等，会计上均不作为销售商品处理，即不确认商品销售收入，而按成本结转。

(2) 提供劳务的收入主要有提供旅游、运输、饮食、广告、咨询、代理、培训、产品安装等所获取的收入。

(3) 让渡资产使用权的收入是指企业将资产让渡给他人使用所取得的收入，主要包括：①让渡现金使用权而收取的利息收入(如进行债券投资而收取的利息收入)；②让渡专利权、商标权、专营权、版权、计算机软件等无形资产的使用权而收取的使用费收入；③出租固定资产而收取的租金收入；④进行股权投资而收取的股利收入。

2．按企业经营业务的主次不同分类

收入按企业经营业务的主次不同，可以分为主营业务收入和其他业务收入(附营业务收入)。

(1) 主营业务收入是指企业为完成经营目标而从事的日常活动中的主要活动所产生的收入，一般占企业收入的比重较大，对企业的经济效益产生的影响较大。不同行业企业的主营业务收入所包括的内容不同，工业企业的主营业务收入主要包括销售商品、自制半成品、代制品、提供工业性劳务等取得的收入。商品流通企业的主营业务收入主要包括商品流通所取得的收入。

企业应设置“主营业务收入”科目，核算主营业务形成的收入；设置“主营业务成本”科目，核算为取得主营业务收入发生的相关成本；设置“主营业务税

金及附加”科目，核算应负担的价内流转税及应上缴的有关费用，如消费税、营业税、教育费附加等。

(2) 其他业务收入(附营业务收入)是指主营业务以外的其他日常活动所产生的收入，一般占企业收入的比重较小，如工业企业的其他业务收入主要包括材料销售收入、包装物的出租收入、固定资产出租收入、无形资产出租收入、提供非工业性劳务收入等。其他业务(附营业务)属于企业日常活动中次要的交易，可设置“其他业务收入”和“其他业务支出”科目分别核算属于企业附营业务形成的收入和发生的相关成本、费用、税金等。

二、销售商品收入的核算

(一)销售商品收入的确认与计量

1. 销售商品收入的确认

企业销售商品时，只有同时符合以下四个条件，才能确认收入。

(1) 企业已将商品所有权上的主要风险和报酬转移给购货方。

商品所有权上的风险，主要指商品所有者承担该商品价值发生损失的可能性，例如，商品因贬值、毁损而发生减值的可能性。商品所有权上的报酬，主要指商品所有者预期可获得的商品中包含的未来经济利益，例如，商品价值的增加以及商品的使用所形成的经济利益等。如果一项商品发生的任何损失均不需要本企业承担，带来的经济利益也不归本企业所有，则意味着该商品所有权上的风险和报酬已移出该企业。

大多数情况下，所有权上的风险和报酬的转移伴随着所有权凭证的转移或实物的交付而转移，例如大多数零售交易。有些情况下，企业已将所有权凭证或实物交付给买方，但商品所有权上的主要风险和报酬并未转移。企业可能在以下几种情况下保留商品所有权上的主要风险和报酬：①企业销售的商品在质量、品种、规格等方面不符合合同规定的要求，又未根据正常的保证条款予以弥补，因而仍负有责任；②企业销售商品的收入是否能够取得取决于买方销售其商品的收入是否能够取得。例如代销或寄销商品。在代销或寄销情况下，委托方应在受托方售出商品，并取得受托方提供的代销清单时确认收入；③企业尚未完成售出商品的安装或检验工作，且此项安装或检验任务是销售合同的重要组成部分；④销售合同中规定了由于特定原因买方有权退货的条款，而企业又不能确定退货的可能性。

如果企业只保留所有权上的次要风险，则销售成立，相应的收入应予以确认。例如，卖方仅仅为了到期收回货款而保留商品的法定产权。

(2) 企业既没有保留通常与所有权相联系的继续管理权，也没有对已售出的商品实施控制。

企业将商品所有权上的主要风险和报酬转移给购货方后，如仍然保留通常与所有权相联系的继续管理权，或仍然对售出的商品实施控制，则说明此项交易没有完成，销售不能成立，不能确认相应的销售收入。

(3) 与交易相关的经济利益能够流入企业。

在销售商品的交易中，与交易相关的经济利益主要表现为销售商品的价款。销售商品的价款能否有把握收回，是收入确认的一个重要条件。企业在销售商品时，如估计价款收回的可能性不大，即使收入确认的其他条件均已满足，也不应当确认收入。

销售商品的价款能否收回，主要根据企业以前和买方交往的直接经验，或从其他方面取得的信息等进行判断。一般情况下，企业售出的商品符合合同或协议规定的要求，并已将发票账单交付买方，买方也承诺付款，即表明销售商品的价款能够收回；如企业判断价款不能收回，应提供可靠的判断依据。

(4) 相关的收入和成本能够可靠地计量。

收入能否可靠地计量是确认收入的基本前提，如果收入不能可靠计量则无法确认收入。企业在销售商品时，售价通常已经确定，但销售过程中由于某些不确定因素，也有可能出现售价变动的情况，在新的售价未确定前，也不应确认收入。

根据收入和费用配比原则，与同一项销售有关的收入和成本应在同一会计期间予以确认，即企业应在确认收入的同时或同一会计期间结转相关的成本。因此，如果成本不能可靠计量，相关的收入就不能确认。这时，若已收到价款，应确认为一项负债。

2. 销售商品收入的计量

销售商品收入的金额应根据企业与购货方签订的合同或协议金额确定。无合同或协议的，销售商品收入的金额应根据购销双方都能同意或接受的价格确定，但不包括企业为第三方或客户代收的款项。

企业在确定销售商品收入的金额时，不应考虑预计可能发生的现金折扣、销售折让。现金折扣是债权人为鼓励债务人在规定的期限内付款而向债务人提供的债务扣除。现金折扣在销售商品后发生，企业在确认销售商品收入时不能确定相关的现金折扣，销售后现金折扣是否发生以及发生多少要视买方的付款情况而定。现金折扣因其实际上是企业为了尽快回笼资金而发生的理财费用，应在实际发生时计入当期财务费用。销售折让是企业因售出商品质量不合格等原因而在售价上给予的减让。企业将商品销售给买方后，如买方发现商品在质量、规格等方面不符合要求，可能要求卖方在价格上给予一定的减让。企业在确认销售收入后发生的销售折让，应在实际发生时冲减当期销售收入。企业也可以为客户提供商业折扣，商业折扣在销售时即已发生，并不构成最终成交价格的一部分，销售商品收入的金额应是扣除商业折扣后的净额。

(二)销售商品收入的会计处理

为了进行销售商品业务的核算，企业应设置“主营业务收入”、“主营业务成本”等科目。

“主营业务收入”科目核算企业销售商品、提供劳务等日常活动中的主要业务交易所取得的收入，贷方登记企业实现的主营业务收入，借方登记发生销售折让或退回时冲减的主营业务收入以及期末结转入“本年利润”科目的主营业务收入，结转后该科目应无余额。

“主营业务成本”科目核算企业销售商品、提供劳务等日常活动中的主要业务交易所发生的实际成本，借方反映本期结转的销售商品、提供劳务的实际成本，贷方反映期末结转入“本年利润”科目的成本以及因销售退回而冲减的主营业务成本，结转后该科目应无余额。

企业销售商品有自销和代销两种业务，下面分别介绍这两种业务下具体的会计处理。

1．自销业务

(1) 一般销售商品业务的会计处理。

首先要考虑销售商品收入是否符合收入确认条件。符合所规定的四个确认条件的，企业应及时确认收入，并结转相关销售成本。销售商品收入在确认时，应按确定的收入金额与应收取的增值税，借记“应收账款”、“应收票据”、“银行存款”等科目，按应收取的增值税，贷记“应交税金——应交增值税(销项税额)”科目，按确定的收入金额，贷记“主营业务收入”或“其他业务收入”科目；同时，按销售商品的实际成本，借记“主营业务成本”等科目，贷记“库存商品”等科目。

【例 6-1】 某企业 2006 年 2 月 5 日销售一批商品，增值税专用发票上注明售价 600 000 元，增值税 102 000 元，款项尚未收到；该批商品的成本为 420 000 元。假定该项销售收入符合商品销售收入确认的四个条件，则账务处理如下。

借：应收账款　　702 000

　　贷：主营业务收入　　600 000

　　　　应交税金——应交增值税(销项税额)　　102 000

同时，结转成本：

借：主营业务成本　　420 000

　　贷：库存商品　　420 000

【例 6-2】 某企业在 2006 年 5 月 1 日销售一批商品 100 件，值税发票上注明售价为 10 000 元，增值税额为 1 700 元。企业为了及早收回货款，在合同中承诺给予购货方如下现金折扣条件：2/10，1/20，n/30。假定计算现金折扣时不考虑增值税，该销售商品收入符合确认条件，则账务处理如下。

5 月 1 日，按总售价确认收入。

借：应收账款　　11 700
　　贷：主营业务收入　　10 000
　　　　应交税金——应交增值税(销项税额)　　1 700

如 5 月 9 日买方付清货款，则按售价 10 000 元的 2%享受 200(10 000 ×2%)元的现金折扣，实际付款 11 500(11700－200)元。

借：银行存款　　11 500
　　财务费用　　200
　　贷：应收账款　　11 700

如 5 月 18 日买方付清货款，则应享受的现金折扣为 100(10 000 ×1%)元，实际付款 11 600(11700－100)元。

借：银行存款　　11 600
　　财务费用　　100
　　贷：应收账款　　11 700

如买方在 5 月 31 日以后才付款，则应按全额付款。

借：银行存款　　11 700
　　贷：应收账款　　11 700

【例 6-3】 某企业销售一批商品给乙企业，增值税发票上注明售价 80 000 元，增值税额为 13 600 元，货到后买方发现商品质量不合格，要求在价格上给予 5%的折让。经查明，乙企业提出的销售折让要求符合原合同的约定，甲企业同意并办妥了有关手续。假定此前甲企业已确认该批商品的销售收入。账务处理如下。

① 确认销售收入时：

借：应收账款——乙企业　　93 600
　　贷：主营业务收入　　80 000
　　　　应交税金——应交增值税(销项税额)　　13 600

② 发生销售折让时：

借：主营业务收入　　4 000
　　应交税金——应交增值税(销项税额)　　680
　　贷：应收账款——乙企业　　4 680

③ 实际收到款项时：

借：银行存款　　88 920

　　贷：应收账款——乙企业　　88 920

如果企业售出的商品不符合销售收入确认的四个条件中的任何一条，均不应确认收入。为了单独反映已经发出但尚未确认销售收入的商品成本，企业应增设“发出商品”、“委托代销商品”、“分期收款发出商品”等科目进行核算。“发出商品”科目核算一般销售方式下已经发出但尚未确认销售收入的商品成本；“委托代销商品”科目核算企业在委托其他单位代销商品的情况下已经发出但尚未确认销售收入的商品成本；“分期收款发出商品”科目核算分期收款销售的企业在采用分期确认收入的方法时，已经发出但尚未结转的商品成本。企业对于发出的商品，在不能确认收入时，应按发出商品的实际成本借记“发出商品”、“委托代销商品”、“分期收款发出商品”等科目，贷记“库存商品”科目。

【例 6-4】 某企业于 2006 年 6 月 3 日向 B 企业销售一批商品，成本为 60 000 元，增值税专用发票上注明售价为 100 000 元，增值税为 17 000 元。该企业在销售时已知 B 企业资金周转发生暂时困难，但为了减少存货积压，同时也为了维持与 B 企业长期以来建立的业务关系，该企业仍将商品销售给了 B 企业。该批商品已发出，并已向银行办妥托收手续。

本例中，企业在货款回收方面存在不确定性。根据销售商品收入的确认条件，企业在销售时不能确认收入。假定该企业销售该批商品的纳税义务已经发生，则账务处理如下。

借：发出商品　　60 000

　　贷：库存商品　　60 000

同时，应确认增值税销项税额。

借：应收账款——B 企业(应收销项税额)　　17 000

　　贷：应交税金——应交增值税(销项税额)　　17 000

假定 2006 年 10 月 8 日该企业得知 B 企业经营情况逐渐好转，B 企业承诺近期付款，企业可以确认收入，则账务处理如下。

借：应收账款——B 企业　　100 000

　　贷：主营业务收入　　100 000

同时结转成本：

借：主营业务成本　　60 000

　　贷：发出商品　　60 000

假定该企业于 2006 年 11 月 6 日收到 B 企业支付的货款，则账务处理如下。

借：银行存款　　117 000
　　贷：应收账款——B企业　　100 000
　　　　——B企业(应收销项税额)　　17 000

企业销售商品还有可能发生销售退回。销售退回是指企业售出的商品由于质量、品种不符合要求等原因而发生的退货。销售退回可能发生在企业确认收入之前，这种情况的处理比较简单，只需将已记入“发出商品”科目的商品成本转回“库存商品”科目。如企业确认收入后，又发生销售退回的，不论是当年销售的，还是以前年度销售的，一般均应冲减返回当月的销售收入，同时冲减退回当月的销售成本；企业发生销售退回时，如按规定允许扣减当期销项税额的，应同时用红字冲减“应交税金——应交增值税”科目的“销项税额”专栏。

【例 6-5】 某企业 2006 年 12 月 20 日销售 A 商品一批，增值税专用发票上注明售价为 350 000 元，增值税额为 59 500 元，成本为 182 000 元。A 商品于销售时发出，购货方于 2006 年 12 月 27 日付款。2007 年 6 月 15 日，该批商品质量出现严重问题，购货方按合同约定将该批商品全部退回给该企业，企业验收入库后将所收货款退回，并按规定向购货方开具了增值税专用发票(红字)。账务处理如下。

① 销售实现时：
借：应收账款　　409 500
　　贷：主营业务收入　　350 000
　　　　应交税金——应交增值税(销项税额)　　59 500
借：主营业务成本　　182 000
　　贷：库存商品　　182 000

② 收到货款时：
借：银行存款　　409 500
　　贷：应收账款　　409 500

③ 销售退回时：
借：主营业务收入　　350 000
　　应交税金——应交增值税(销项税额)　　59 500
　　贷：应收账款　　409 500
借：库存商品　　182 000
　　贷：主营业务成本　　182 000

(2) 分期收款销售的会计处理。

分期收款销售，是指商品已经交付但货款分期收回的一种销售方式。分期收款销售的商品价值通常较大，如房产、汽车、重型设备，其收款期较长，有的几年，有的十几年甚至几十年，收款的风险较大，因此，企业应按照合同约定的收款日期分期确认销售收入。

采用分期收款销售的企业，应设置“分期收款发出商品”科目，核算已经发出但尚未结转的商品成本。企业在发出商品时，按照商品的实际成本，借记“分期收款发出商品”科目，贷记“库存商品”科目；在每期销售实现时，按本期应收的货款金额，借记“应收账款”、“银行存款”科目，按当期实现的销售收入，贷记“主营业务收入”科目，按增值税发票上注明的增值税金额，贷记“应交税金——应交增值税(销项税额)”科目。同时按商品全部销售成本与全部销售收入的比率计算出本期应结转的销售成本，借记“主营业务成本”科目，贷记“分期收款发出商品”科目。

【例 6-6】 某企业 2006 年 7 月 1 日采用分期收款方式销售甲商品 1 台，售价 300 000 元，增值税税率为 17%，实际成本为 180 000 元。合同规定买方分 5 年等额付款，每年的付款日期为当年 7 月 1 日，并在商品发出后支付第一期货款。货已发出，第一期货款已收存银行。账务处理如下。

① 发出商品时：

借：分期收款发出商品　　180 000

　　贷：库存商品　　180 000

② 每年 7 月 1 日收到货款时：

借：应收账款(或银行存款)　　70 200

　　贷：主营业务收入　　60 000

　　　　应交税金——应交增值税(销项税额)　　10 200

③ 同时结转商品成本为 36 000 元：

借：主营业务成本　　36 000

　　贷：分期收款发出商品　　36 000

2. 代销业务

代销是指委托方和受托方签订协议，委托方将商品交付给受托方，受托方代委托方销售商品，委托方按协议价收取所代销的货款。代销通常有以下两种方式。

(1) 视同买断方式。

在这种代销方式下，代销商品的实际售价可由受托方自定，实际售价与协议价之间的差额归受托方所有。由于委托方将商品交付给受托方时，商品所有权上的风险和报酬并未转移给受托方，因此，委托方在交付商品时不确认收入，受托方也不作购进商品处理。受托方将商品销售后，应按实际售价确认销售收入，并向委托方开具代销清单。委托方收到代销清单时，再确认本企业的销售收入。

企业发出委托代销的商品时，借记“委托代销商品”科目，贷记“库存商品”等科目。收到受托方开具的代销清单时，按代销清单上注明的已销商品货款的实际情况，按应收的款项，借记“应收账款”、“应收票据”等科目，按协议价确定的营业收入，贷记“主营业务收入”科目，按应交的增值税销项税额，贷记“应交税金——应交增值税(销项税额)”科目，同时结转已销商品的成本。

受托方收到受托代销商品时，借记“受托代销商品”科目，贷记“代销商品款”科目。受托方销售受托代销商品收入的确认及账务处理，与本企业对外销售商品收入的确认和账务处理相同。受托方结转售出的受托代销商品成本时，借记“主营业务成本”等科目，贷记“受托代销商品”科目，同时，按协议价，借记“代销商品款”科目，按从委托方收到的增值税专用发票上注明的增值税额，借记“应交税金——应交增值税(进项税额)”科目，按应付委托方的款项，贷记“应付账款”科目。

【例 6-7】 A、B 企业均为增值税一般纳税人企业。2006 年 3 月 1 日，A 企业与 B 企业签订代销协议，委托 B 企业销售甲商品 300 件，协议价为 200 元/件，该商品成本为 140 元/件，增值税税率为 17%。9 月 1 日，A 企业收到 B 企业开来的代销清单时开具增值税专用发票，发票上注明：售价为 60 000 元，增值税为 10 200 元。B 企业实际销售时开具的增值税专用发票上注明：售价为 72 000 元，增值税为 12 240 元。9 月 6 日，A 企业收到 B 企业按合同协议价支付的款项。

① A 企业账务处理如下。

3 月 1 日，将甲商品交付 B 企业时：

借：委托代销商品　　42 000
　　贷：库存商品　　42 000

9 月 1 日，收到代销清单时：

借：应收账款——B 企业　　70 200
　　贷：主营业务收入　　60 000
　　　　应交税金——应交增值税(销项税额)　　10 200
借：主营业务成本　　42 000
　　贷：委托代销商品　　42 000

9 月 6 日，收到 B 企业汇来的货款 70 200 元时：

借：银行存款　　70 200
　　贷：应收账款——B 企业　　70 200

② B 企业账务处理如下。

3 月 1 日，收到甲商品时：

借：受托代销商品　　60 000
　　贷：代销商品款　　60 000

实际销售甲商品时：

借：银行存款　　84 240

贷：主营业务收入　　72 000
　　应交税金——应交增值税(销项税额)　　12 240

借：主营业务成本　　60 000
　　贷：受托代销商品　　60 000

借：代销商品款　　60 000
　　应交税金——应交增值税(进项税额)　　10 200
　　贷：应付账款——A 企业　　70 200

9 月 6 日，按合同协议价将款项付给 A 企业时：

借：应付账款——A 企业　　70 200
　　贷：银行存款　　70 200

(2) 收取手续费方式。

在收取手续费代销方式下，受托方通常按照委托方规定的价格销售，不得自行改变售价，但受托方要根据所代销的商品数量向委托方收取一定的手续费。对受托方来讲，收取的手续费实际上是一种劳务收入。委托方应在收到受托方交付的商品代销清单时确认销售商品收入；受托方则在商品销售后按应收取的手续费确认收入。

在收取手续费的代销方式下，委托方和受托方的账务处理基本同视同买断的代销方式。对于受托方收取的代销手续费，委托方应计入营业费用。

【例 6-8】 沿用例 6-7 的资料，并假定 A 企业与 B 企业签订的代销协议规定：B 企业应按每件商品 200 元的价格售给顾客，A 企业按售价的 10%向 B 企业支付手续费。B 企业实际销售时，向买方开具的增值税专用发票上注明甲商品售价 60 000 元，增值税 10 200 元。9 月 1 日，A 企业收到 B 企业交来的代销清单，并向 B 企业开出一张金额相同的增值税专用发票。9 月 6 日，A 企业收到 B 企业支付的商品代销款(已扣手续费)。

(1) A 企业账务处理如下。

3 月 1 日，将甲商品交付 B 企业时：

借：委托代销商品　　42 000
　　贷：库存商品　　42 000

9 月 1 日，收到代销清单时：

借：应收账款——B 企业　　70 200
　　贷：主营业务收入　　60 000
　　　　应交税金——应交增值税(销项税额)　　10 200

借：营业费用——代销手续费　　6 000
　　贷：应收账款——B 企业　　6 000

借：主营业务成本　　42 000
　　贷：委托代销商品　　42 000

9 月 6 日，收到 B 企业汇来的货款净额 64 200 元时。

借：银行存款　　64 200
　　贷：应收账款——B 企业　　64 200

(2) B 企业账务处理如下。

3 月 1 日，收到甲商品时：

借：受托代销商品　　60 000
　　贷：代销商品款　　60 000

实际销售甲商品时：

借：银行存款　　70 200
　　贷：应付账款——A 企业　　60 000
　　　　应交税金——应交增值税(销项税额)　　10 200

借：应交税金——应交增值税(进项税额)　　10 200
　　贷：应付账款——A 企业　　10 200

借：代销商品款　　60 000
　　贷：受托代销商品　　60 000

9 月 6 日，归还 A 企业货款并计算代销手续费时：

借：应付账款——A 企业　　70 200
　　贷：银行存款　　64 200
　　　　主营业务收入(或其他业务收入)　　6 000

三、提供劳务收入的核算

(一)提供劳务收入的确认与计量

提供劳务的种类很多，如旅游、运输、餐饮、广告、咨询、代理、培训、产品安装等。有的劳务一次就能完成，且一般为现金交易，如餐饮、理发、照相等；有的劳务需要花费较长的时间才能完成，如安装、旅游、培训、远洋运输等。企业应根据劳务完成时间的不同，分下列情况来确认劳务收入。

(1) 对于一次就能完成的劳务，或在同一会计期间内开始并完成的劳务，应在劳务完成时确认收入，确认的金额为合同或协议总金额，确认原则可参照销售商品收入的确认原则。

(2) 如劳务的开始和完成分属不同的会计期间，且在期末能对该项劳务交易的结果作出可靠估计的，应按完工百分比法确认相关的劳务收入。

完工百分比法是指按照劳务的完成程度确认收入和费用的方法。当以下条件均能满足时，劳务交易的结果能够可靠地估计。

① 劳务总收入和总成本能够可靠地计量；

② 与交易相关的经济利益能够流入企业；

③ 劳务的完成程度能够可靠地确定。

(3) 如劳务的开始和完成分属不同的会计期间，且在期末不能对该项劳务交易的结果作出可靠估计的，应按已经发生并预计能得到补偿的劳务成本金额确认收入，并按相同金额结转成本；如预计已经发生的劳务成本只能部分地得到补偿的，应按能够得到补偿的劳务成本金额确认收入，并按已经发生的劳务成本结转成本，确认的收入金额小于已经发生的劳务成本的差额，确认为当期损失；如预计已经发生的劳务成本全部不能得到补偿，则不应确认收入，但应将已经发生的劳务成本确认为当期费用。

(二)提供劳务收入的会计处理

1. 劳务完成时确认收入的会计处理

对于一次就能完成的劳务，企业应在提供劳务完成时按所确定的收入金额，借记“应收账款”、“银行存款”等科目，贷记“主营业务收入”等科目；对于发生的有关支出，借记“主营业务成本”等科目，贷记“银行存款”等科目。

对于持续一段时间但在同一会计期间内开始并完成的劳务，企业应在提供劳务完成时确认收入；有关支出确认为费用之前，企业可增设“劳务成本”科目予以归集，待确认为费用时，再借记“主营业务成本”科目，贷记“劳务成本”科目。

【例 6-9】 某企业于 2006 年 3 月 10 日接受一项设备安装任务，该安装任务可一次完成，合同总收入为 9 000 元，实际发生成本为 5 000 元。账务处理如下。

① 确认所提供劳务的收入时：

借：应收账款(或银行存款)　　9 000

　贷：主营业务收入　　9 000

② 发生并确认有关成本费用时：

借：主营业务成本　　5 000

　贷：银行存款　　5 000

若上述安装任务需花费一段时间(不超过本会计期间)才能完成，则应在发生有关费用支出时：

借：劳务成本

　贷：银行存款

待安装完成确认所提供劳务的收入并结转该项劳务总成本时：

借：应收账款(或银行存款)

　　贷：主营业务收入

借：主营业务成本

　　贷：劳务成本

2．按完工百分比法确认收入的会计处理

对于虽不能在同一会计期间内完成，但在期末能对交易的结果作出可靠估计的劳务，应按完工百分比法确认收入及相关的费用。对于预收的款项，应借记“银行存款”科目，贷记“预收账款”或“应收账款”科目；对于所发生的成本，企业可增设“劳务成本”科目予以归集，借记“劳务成本”科目，贷记“银行存 款”等科目；确认本期的劳务收入时，按确定的金额借记“预收账款”、“应收账款”或“银行存款”科目，贷记“主营业务收入”科目；确认本期的费用时，按确定的金额借记“主营业务成本”科目，贷记“劳务成本”科目。

完工百分比法下，劳务收入和相关的费用应按下列公式计算。

$$\text{本期确认的收入}=\text{劳务总收入}\times\text{本期末止劳务的完成程度}-\text{以前各期已确认的收入}$$

$$\text{本期确认的费用}=\text{劳务总成本}\times\text{本期末止劳务的完成程度}-\text{以前各期已确认的费用}$$

在劳务总收入和总成本都能够可靠计量的情况下，关键是确定劳务的完成程度。企业应根据所提供劳务的特点，选择确定劳务完成程度的方法，包括通过对已经完成的工作或工程的测量确定完成程度，或按已经提供的劳务量(如已完成的工作时间)占应提供劳务总量(如完成此项劳务所需的总的工作时间)的百分比确定完成程度，或按已经发生的成本占估计总成本的百分比确定完成程度。

【例 6-10】 某咨询企业于 2006 年 7 月 1 日与客户签订一项咨询合同。合同规定，咨询期为 2 年，咨询费为 240 000 元，客户分三次等额支付，第一次在项目开始时支付，第二次在项目中期支付，第三次在项目结束时支付。估计总成本为 160 000 元(假定都为咨询人员工资)，其中，2006 年发生成本 38 000 元，2007 年发生成本 80 000 元，2008 年发生成本 42 000 元。假定成本估计十分准确，咨询费也能可靠收回，该企业按照已提供的劳务量占应提供劳务总量的百分比确定该项劳务的完成程度。该企业账务处理如下。

① 2006 年的账务处理。

实际发生成本时：

借：劳务成本　　　　38 000

　　贷：应付工资　　　　38 000

预收账款时：

借：银行存款　　　　　　　　　　　　　　　　　　80 000
　　贷：预收账款　　　　　　　　　　　　　　　　　　80 000

2006 年 12 月 31 日按完工百分比法确认收入和费用。

劳务的完成程度＝6 个月÷24 个月＝25%

应确认的收入＝(240 000×25%－0)元＝60 000 元

应确认的费用＝(160 000×25%－0)元＝40 000 元

借：预收账款　　　　　　　　　　　　　　　　　　60 000
　　贷：主营业务收入　　　　　　　　　　　　　　　　60 000

借：主营业务成本　　　　　　　　　　　　　　　　40 000
　　贷：劳务成本　　　　　　　　　　　　　　　　　　40 000

② 2007 年的账务处理。

实际发生成本时：

借：劳务成本　　　　　　　　　　　　　　　　　　80 000
　　贷：应付工资　　　　　　　　　　　　　　　　　　80 000

预收账款时：

借：银行存款　　　　　　　　　　　　　　　　　　80 000
　　贷：预收账款　　　　　　　　　　　　　　　　　　80 000

2007 年 12 月 31 日按完工百分比法确认收入和费用。

劳务的完成程度＝18 个月÷24 个月＝75%

应确认的收入＝(240 000×75%－60 000)元＝120 000 元

应确认的费用＝(160 000×75%－40 000)元＝80 000 元

借：预收账款　　　　　　　　　　　　　　　　　　120 000
　　贷：主营业务收入　　　　　　　　　　　　　　　　120 000

借：主营业务成本　　　　　　　　　　　　　　　　80 000
　　贷：劳务成本　　　　　　　　　　　　　　　　　　80 000

③ 2008 年的账务处理。

实际发生成本时：

借：劳务成本　　　　　　　　　　　　　　　　　　42 000
　　贷：应付工资　　　　　　　　　　　　　　　　　　42 000

预收账款时：

借：银行存款　　　　　　　　　　　　　　　　　　80 000
　　贷：预收账款　　　　　　　　　　　　　　　　　　80 000

2008 年 7 月 1 日完工时确认剩余收入和费用。

借：预收账款　　　　　　　　　　　　　　　　　　60 000

贷：主营业务收入　　60 000

借：主营业务成本　　40 000

贷：劳务成本　　40 000

四、让渡资产使用权所取得收入的核算

让渡资产使用权所取得的收入包括让渡现金使用权而收取的利息收入(含债券利息收入)、让渡无形资产使用权而收取的使用费收入、出租固定资产而收取的租金收入、进行股权投资而收取的股利收入等。具体账务处理，在前面章节已有叙述，本节不再介绍。

第二节　费　用

费用是指企业为销售商品、提供劳务等日常活动所发生的经济利益的流出。费用具有以下两个基本特点：①费用最终会导致企业资源的减少，具体表现为企业资金支出或资产耗费，费用最终会减少企业的所有者权益；②费用与成本是两个并行使用的概念，两者之间既有联系也有区别。费用是指企业为销售商品、提供劳务等日常活动所发生的经济利益的流出；成本是指企业为生产产品、提供劳务而发生的各种耗费，是按一定的产品或劳务对象所归集的费用，是对象化了的费用。两者之间的区别在于，费用与一定的会计期间相联系，与生产哪一种产品或提供哪一种劳务无关；成本则与一定种类和数量的产品或某种劳务相联系，不论发生在哪一个会计期间。企业应当将当期已销产品或已提供劳务的成本转入当期的费用，以使当期的各项收入与其相关的费用相配比。

一、费用的分类

费用按照经济用途的不同，可以分为生产成本和期间费用。

1. 生产成本

生产成本主要是指与生产产品有关的费用，是以产品为成本对象归集的费用。这类费用在企业的生产过程中，有的直接为产品所消耗，有的与管理和组织生产直接相关，因此，需要进一步划分为直接材料、直接人工、制造费用等产品成本项目。

(1) 直接材料，指直接用于产品生产、构成产品实体的原料及主要材料、外购半成品、修理用备件、包装物、有助于产品形成的辅助材料以及其他直接材

料。

(2) 直接人工，指直接从事产品生产的工人工资以及按生产工人工资总额和规定比例计算提取的职工福利费。

(3) 制造费用，指企业各生产单位(如生产车间)为组织和管理生产而发生的各项间接费用，包括工资和福利费、折旧费、修理费、办公费、水电费、机物料消耗、劳动保护费、季节性和修理期间的停工损失等。

为了使产品成本项目能够反映企业的生产特点、满足成本管理的要求，各企业可以根据自身的需要，对以上成本项目作适当的调整。例如，若企业产品成本中直接用于产品生产的外购半成品费用比重较大，而且又按产品制定了消耗定额，就可以将“直接材料”中的外购半成品单独列为一个成本项目；又如，某企业燃料和动力消耗较多，燃料和动力费用在产品成本中比重较大，也可增设“燃料和动力”这一成本项目。

2. 期间费用

期间费用指企业当期发生的、必须从当期收入中得到补偿的费用。由于它仅与当期实现的收入相关，必须计入当期损益，所以称其为期间费用。期间费用包括不计入产品成本(或劳务成本)的营业费用、管理费用和财务费用。

(1) 营业费用，指企业在销售商品过程中所发生的各项费用。

(2) 管理费用，指企业为组织和管理生产经营活动所发生的各项费用。

(3) 财务费用，指企业为筹集生产经营所需资金等而发生的各项费用。

本节主要讨论期间费用的核算，生产成本核算将在《成本会计实务》中讲述。

二、期间费用的核算

期间费用是指不直接归属于某个特定产品成本或某项特定劳务成本的营业费用、管理费用和财务费用。一般而言，期间费用容易确定其发生的期间，而难以判别其所归属的产品或劳务，因而在发生的当期从损益中扣除。

(一)营业费用的核算

营业费用是指企业在销售商品过程中发生的各项费用，包括包装费、运输费、装卸费、保险费、展览费、广告费，以及为销售本企业商品而专设的销售机构(含销售网点、售后服务网点等)的职工工资及福利费、类似工资性质的费用、业务费等经营费用。商品流通企业购入商品过程中发生的运输费、装卸费、包装费、保险费、运输途中的合理损耗和入库前的挑选整理费等，也属于营业费用。

为了核算和监督营业费用的发生和结转情况，企业应设置“营业费用”科目。该科目的借方登记企业所发生的各项营业费用，贷方登记企业期末结转入当期损益的营业费用，结转后该科目应无余额。该科目应按营业费用的费用项目设置明细账，进行明细核算。

企业发生各项营业费用，借记“营业费用”科目，贷记“现金”、“银行存款”、“应付工资”等科目。期末，应将“营业费用”科目余额转入“本年利润”科目，借记“本年利润”科目，贷记“营业费用”科目。

【例 6-11】 A 企业为宣传新产品发生广告费 80 000 元，均用银行存款支付，账务处理如下。

借：营业费用　　80 000

　　贷：银行存款　　80 000

(二)管理费用的核算

管理费用是指企业为组织和管理生产经营活动所发生的各种管理费用，包括企业的董事会和行政管理部门在企业的经营管理中发生的，或者应由企业统一负担的公司经费、工会经费、待业保险费、劳动保险费、董事会费、聘请中介机构费、咨询费(含顾问费)、诉讼费、业务招待费、房产税、车船使用税、土地使用税、印花税、技术转让费、矿产资源补偿费、无形资产摊销、职工教育经费、研究与开发费、排污费、存货盘亏或盘盈(不包括应计入营业外支出的存货损失)、计提的坏账准备等。

公司经费包括行政管理部门职工工资及福利费、差旅费、办公费、折旧费、修理费、物料消耗、低值易耗品摊销及其他公司经费。

劳动保险费指企业支付离退休职工的退休金(包括按照规定交纳地方的统筹退休金)、价格补贴、医药费(包括企业支付离退休职工没参加医疗保险的费用)、职工退职金、6 个月以上病假人员工资、职工死亡丧葬补助费、抚恤费等费用。

待业保险费是指企业按照国家规定交纳的待业保险基金。

董事会费是指企业董事会或最高权力机构及其成员为执行职能而发生的各项费用，包括成员津贴、差旅费、会议费等。

业务招待费是指企业为业务经营的合理需要而支付的交际应酬费用。

为了核算和监督管理费用的发生和结转情况，企业应设置“管理费用”科目。该科目的借方登记企业发生的各项管理费用，贷方登记期末转入当期损益的管理费用，结转后该科目应无余额。该科目应按管理费用的费用项目设置明细账，或按费用项目设置专栏进行明细核算。

企业发生的各项管理费用，借记“管理费用”科目，贷记“现金”、“银行存款”、“原材料”、“应付工资”、“待摊费用”、“长期待摊费用”、“无形资产”、“累计折旧”、“应交税金”、“应付福利费”、“坏账准备”等科目。期末，应将“管理费用”科目余额转入“本年利润”科目，借记“本年利润”科目，贷记“管理费用”科目。

【例 6-12】 A 企业本月应付行政管理部门人员的工资 50 000 元，计提职工福利费 7 000 元。账务处理如下。

借：管理费用——工资及福利费　　57 000
　贷：应付工资　　50 000
　　应付福利费　　7 000

【例 6-13】 A 企业本月用银行存款支付诉讼费 5 000 元、法律咨询费 3 000 元、审计费 8 000 元。账务处理如下。

借：管理费用——诉讼费　　5 000
　　　　——咨询费　　3 000
　　　　——聘请中介机构费　　8 000
　贷：银行存款　　16 000

【例 6-14】 A 企业本月计提行政管理部门固定资产折旧 3 400 元。账务处理如下。

借：管理费用——折旧费　　3 400
　贷：累计折旧　　3 400

【例 6-15】 A 企业本月以现金支付业务招待费 3 600 元。账务处理如下。

借：管理费用——业务招待费　　3 600
　贷：现金　　3 600

【例 6-16】 A 企业按规定计算出本月应交纳的房产税 2 000 元、车船使用税 1 000 元，并用现金支付印花税 200 元。账务处理如下。

借：管理费用——房产税　　2 000
　　　　——车船使用税　　1 000
　　　　——印花税　　200
　贷：应交税金——应交房产税　　2 000
　　　　——应交车船使用税　　1 000
　　现金　　200

(三)财务费用的核算

财务费用是指企业为筹集生产经营所需资金等而发生的费用，包括应当作为期间费用的利息支出(减利息收入)、汇兑损失(减汇兑收益)以及相关的手续费等。

为了核算和监督企业财务费用的发生和结转情况，企业应设置“财务费用”科目。该科目的借方登记企业发生的各项财务费用，贷方登记期末结转入当期损益的财务费用。结转后该科目应无余额。该科目应按财务费用的费用项目设置明细账，进行明细核算。

企业发生各项财务费用，借记“财务费用”科目，贷记“银行存款”、“预提费用”、“长期借款”等科目；企业发生利息收入、汇兑收益时，借记“银行存款”、“长期借款”等科目，贷记“财务费用”科目。期末，应将“财务费用”科目余额转入“本年利润”科目，借记“本年利润”科目，贷记“财务费用”科目(“财务费用”科目如为贷方余额，应作相反的会计分录)。

【例 6-17】 A 企业本月预提应付银行的短期借款利息 6 000 元，账务处理如下。

借：财务费用——利息支出　　6 000

　　贷：预提费用　　6 000

【例 6-18】 A 企业收到开户银行的通知，已从企业存款户扣收本月银行结算业务的手续费 1 200 元，账务处理如下。

借：财务费用——金融机构手续费　　1 200

　　贷：银行存款　　1 200

【例 6-19】 A 企业收到开户银行的通知，已将本月银行存款利息收入 2 600 元转入企业存款户，账务处理如下。

借：银行存款　　2 600

　　贷：财务费用——利息支出　　2 600

第三节　利　润

利润是指企业在一定会计期间的经营成果，包括营业利润、利润总额和净利润。

一、利润的构成

(一)营业利润

营业利润是企业利润的主要来源，它主要包括主营业务利润和其他业务利润两个部分。具体来讲，营业利润等于主营业务利润加上其他业务利润，再减去有关的期间费用。用公式表示如下。

营业利润＝主营业务利润＋其他业务利润－营业费用－管理费用－财务费用

主营业务利润是指企业的主营业务收入减去主营业务成本和主营业务税金及

附加后的金额，用公式表示如下：

主营业务利润＝主营业务收入－主营业务成本－主营业务税金及附加

其他业务利润是指企业主营业务以外的其他日常活动所产生的利润，它等于其他业务收入减去其他业务支出后的金额。用公式表示如下：

其他业务利润＝其他业务收入－其他业务支出

(二)利润总额

企业的利润总额是指营业利润加上投资收益、补贴收入、营业外收入，减去营业外支出后的金额。用公式表示如下：

利润总额＝营业利润＋投资收益＋补贴收入＋营业外收入－营业外支出

式中，投资收益是指企业对外投资所取得的收益，减去发生的投资损失和计提的投资减值准备后的净额；补贴收入是指企业实际收到先征后返的增值税，或按销量或工作量等依据国家规定的补助定额计算并按期给予的定额补贴，以及属于国家财政扶持的领域而给予的其他形式的补贴。

(三)净利润

净利润是指企业当期利润总额减去所得税后的金额，即企业的税后利润。用公式表示如下：

净利润＝利润总额－所得税

式中，所得税是指企业应计入当期损益的所得税费用。

二、利润的核算

由于主营业务利润、期间费用和投资收益等内容的核算分别在本章及前面有关章节中详述，故本节重点就其他业务收入和其他业务支出、营业外收入和营业外支出、补贴收入及所得税等内容的核算予以介绍。

(一)其他业务收入和其他业务支出的核算

其他业务收入是指企业除主营业务收入以外的其他日常活动所产生的收入，如材料销售收入、包装物出租收入等。为了核算企业其他业务收入的取得及结转等情况，应设置“其他业务收入”科目，贷方登记企业取得的各项其他业务收入，借方登记期末结转入“本年利润”科目的其他业务收入，结转后该科目应无余额。

其他业务支出是指企业除主营业务成本以外的其他日常活动所发生的支出，如销售材料或出租包装物结转的成本等。为了核算企业其他业务支出的发生及结转等情况，应设置“其他业务支出”科目，借方登记企业结转的有关成本或发生的其他业务支出，贷方登记期末结转入“本年利润”科目的其他业务支出，结转后该科目应无余额。

企业销售原材料等确认其他业务收入时，按售价和应收取的增值税，借记“银行存款”、“应收账款”等科目，按实现的其他业务收入，贷记“其他业务收入”科目，按增值税专用发票上注明的增值税额，贷记“应交税金——应交增值税(销项税额)”科目。结转出售原材料的实际成本时，借记“其他业务支出”科目，贷记“原材料”科目。期末，将“其他业务收入”、“其他业务支出”科目的余额转入“本年利润”科目时，借记“其他业务收入”科目，贷记“本年利润”科目；借记“本年利润”科目，贷记“其他业务支出”科目。

【例 6-20】 某企业销售一批原材料，售价为 10 000 元，增值税额为 1 700 元，款项已由银行收妥。该批原材料的实际成本为 9 000 元。其账务处理如下。

① 取得原材料销售收入时：

借：银行存款	11 700	
贷：其他业务收入		10 000
应交税金——应交增值税(销项税额)		1 700

② 结转已销原材料的实际成本时：

借：其他业务支出	9 000	
贷：原材料		9 000

(二)营业外收入和营业外支出的核算

1. 营业外收入

(1) 营业外收入核算的内容。

营业外收入是指企业发生的与其生产经营无直接关系的各项收入。营业外收入并不是企业经营资金耗费所产生的，不需要企业付出代价，实际上是经济利益的净流入，不可能也不需要与有关的费用进行配比。营业外收入主要包括固定资产盘盈、处置固定资产净收益、出售无形资产净收益、罚款净收入等。

固定资产盘盈，指对于财产清查盘点中盘盈的固定资产，按照有关规定确定其入账价值，报经批准后计入营业外收入的金额。

处置固定资产净收益，指企业处置固定资产所取得的收入扣除处置固定资产账面价值和相关税费后的净收益。

出售无形资产净收益，指企业出售无形资产所取得的收入减去所出售无形资产的账面价值及发生的相关税费后的净收益。

罚款净收入，指企业取得的各种罚款收入，在弥补由于对方违反合同或协议而造成的经济损失后的罚款净收入。

(2) 营业外收入的会计处理。

企业应设置“营业外收入”科目，该科目应当按照营业外收入的具体项目设置明细账。企业发生营业外收入，应借记“待处理财产损溢”、“银行存款”、“现金”、“固定资产清理”等科目，贷记“营业外收入”科目；期末应将“营业外收入”科目余额转入“本年利润”科目，借记“营业外收入”科目，贷记“本年利润”科目。结转后“营业外收入”科目应无余额。

【例 6-21】某企业因生产需要向甲公司订购材料一批，并付给甲公司定金 20 000 元。后来，因甲公司的原因未能如期供货。由于甲公司违约，该企业现在已经不需要这批材料，于是依据合同约定，与甲公司解除合同，并提出双倍返还定金。甲公司自知违约应负责任，于是双倍返还定金。该企业已经收到该款项，并存入银行。账务处理如下。

借：银行存款　　40 000

　　贷：营业外收入　　20 000

　　　　其他应收款　　20 000

2. 营业外支出

(1) 营业外支出核算的内容。

营业外支出是指企业发生的与其生产经营无直接关系的各项支出。营业外支出与企业生产经营活动没有直接的关系，但也是企业经济利益的流出，应从企业实现的利润中扣除。营业外支出包括固定资产盘亏、处置固定资产净损失、出售无形资产净损失、非常损失、罚款支出等。

固定资产盘亏，指对于财产清查盘点中盘亏的固定资产，在查明原因处理时按确定的损失计入营业外支出的金额。

处置固定资产净损失，指企业处置固定资产所取得的收入不足以抵补固定资产账面价值和相关处置税费所发生的净损失。

出售无形资产净损失，指企业出售无形资产所取得的收入减去所出售无形资产的账面价值及发生的相关税费后的净损失。

非常损失，指企业对于因客观因素(如自然灾害等)造成的损失，在扣除保险公司赔偿后应计入营业外支出的净损失。

罚款支出，指企业由于违反税收法规、经济合同等而支付的各种滞纳金和罚款。

(2) 营业外支出的会计处理。

企业应设置“营业外支出”科目，该科目应当按照营业外支出的具体项目设置明细账。企业发生营业外支出时，借记“营业外支出”科目，贷记“待处理财产损溢”、“固定资产清理”、“现金”、“银行存款”等科目。期末应将“营业外支出”科目余额转入“本年利润”科目，借记“本年利润”科目，贷记“营业外支出”科目。结转后，“营业外支出”科目应无余额。

【例 6-22】 某企业将已经发生的原材料意外灾害损失 270 000 元转作营业外支出，账务处理如下。

借：营业外支出　　270 000

　贷：待处理财产损溢　　270 000

【例 6-23】 某企业用银行存款支付税款滞纳金 30 000 元，账务处理如下。

借：营业外支出　　30 000

　贷：银行存款　　30 000

(三)补贴收入的核算

企业应设置“补贴收入”科目，核算补贴收入的取得及结转情况，该科目应按补贴收入的具体项目设置明细账。企业实际收到先征后返增值税时，借记“银行存款”科目，贷记“补贴收入”科目。企业按销量或工作量等，依据国家规定的补助定额计算并按期给予的定额补助，应于期末按应收的补贴金额，借记“应收补贴款”科目，贷记“补贴收入”科目；实际收到补贴时，借记“银行存款”科目，贷记“应收补贴款”科目。如属于国家财政扶持的领域而给予的其他形式的补助，企业应于收到时，借记“银行存款”科目，贷记“补贴收入”科目。期末，应将“补贴收入”科目的余额转入“本年利润”科目，结转后该科目应无余额。

(四)所得税的核算

1. 所得税的计算

所得税是根据企业应纳税所得额的一定比例上缴的一种税金。应纳税所得额是在企业税前会计利润基础上调整确定的。用公式表示如下。

应纳税所得额＝税前会计利润＋纳税调整增加额－纳税调整减少额

纳税调整增加额主要包括税法规定允许扣除项目中，企业已计入当期费用但超过税法规定扣除标准的金额(如超过税法规定标准的工资支出、业务招待费支出)，以及企业已计入当期费用但税法规定不允许扣除项目的金额(如税收滞纳金、罚款、罚金等)。

纳税调整减少额主要包括按税法规定允许弥补的亏损和准予免税的项目，如前 5 年内的未弥补亏损和国债利息收入等。

企业应交所得税额的计算公式如下：

应交所得税额＝应纳税所得额×所得税税率

2. 所得税的会计处理

企业所得税的核算有应付税款法和纳税影响会计法两种。前者是按照应纳税所得额直接计算应交所得税，并将当期计算的应交所得税确认为当期所得税费用的方法；后者是按会计利润经调整后计算所得税费用，并按应纳税所得额计算应交所得税，两者之差通过“递延税款”科目核算。本书只介绍应付税款法。

在应付税款法下，企业应设置“所得税”科目核算企业按规定从当期损益中扣除的所得税。企业按应纳税所得额计算的本期应交所得税，借记“所得税”科目，贷记“应交税金——应交所得税”科目。实际上缴税金时，借记“应交税金——应交所得税”科目，贷记“银行存款”科目。期末，应将“所得税”科目的余额转入“本年利润”科目，结转后“所得税”科目应无余额。

【例 6-24】 某企业 2006 年确定的税前会计利润为 4 582 000 元，其中国库券利息收入为 36 000 元。该公司核定的全年计税工资总额为 368 000 元，实际发生的工资总额为 396 000 元，业务招待费超标准列支为 7 300 元，按会计制度规定应提取的固定资产折旧为 216 000 元，按税法规定可以扣除的折旧费用为 240 000 元，该公司适用的所得税税率为 33%。

该公司 2006 年的纳税所得额

＝[4 582 000－36 000＋(396 000－368 000)＋7 300－(240 000－216 000)]元

＝4 557 300 元

2006 年应交所得税额＝(4 557 300×33%)元＝1 503 909 元

账务处理如下。

借：所得税　　1 503 909

　　贷：应交税金——应交所得税　　1 503 909

(五) 本年利润的核算

1. 结转本年利润的方法

会计期末结转本年利润的方法有表结法和账结法两种。

(1) 表结法。

在表结法下，各损益类科目每月月末只需结计出本月发生额和月末累计余额，不结转到“本年利润”科目，只有在年末时才将全年累计余额结转入“本年利润”科目。但每月月末要将损益类科目的本月发生额合计数填入利润表的本月数栏，同时将本月末累计余额填入利润表的本年累计数栏，通过利润表计算反映各期的利润(或亏损)。表结法下，年中损益类科目无需结转入“本年利润”科目，从而减少了转账的环节和工作量，同时并不影响利润表的编制及有关损益指标的利用。

(2) 账结法。

在账结法下，每月月末均需编制转账凭证，将在账上结计出的各损益类科目的余额结转入“本年利润”科目。结转后“本年利润”科目的本月合计数反映当月实现的利润或发生的亏损，“本年利润”科目的本年累计数反映本年累计实现的利润或发生的亏损。账结法在各月均可通过“本年利润”科目提供当月及本年累计的利润(或亏损)额，但增加了转账环节和工作量。

2. 结转本年利润的会计处理

企业应设置“本年利润”科目，核算企业本年度实现的净利润(或发生的净亏损)。会计期末，企业应将各收益类科目的余额转入“本年利润”科目的贷方，借记有关收益类科目，贷记“本年利润”科目；将各成本费用或支出类科目的余额转入“本年利润”科目的借方，借记“本年利润”科目，贷记各有关成本费用或支出类科目。如果有关收益类科目为借方余额或有关成本费用类科目为贷方余额的，则作相反的结转分录。结转后“本年利润”科目如为贷方余额，表示当年实现的净利润；如为借方余额，表示当年发生的净亏损。

年度终了，企业还应将“本年利润”科目的本年累计余额转入“利润分配——未分配利润”科目。如为贷方余额，借记“本年利润”科目，贷记“利润分配——未分配利润”科目；如为借方余额，作相反的会计分录。结转后“本年利润”科目应无余额。

【例 6-25】 某企业 2006 年有关损益类科目的年末余额如表 6-1 所示(该企业采用表结法年末一次结转损益类科目，所得税税率为 33%)。

表6-1　2006年度损益类科目本年累计发生额　　单位：元

科目名称	借方发生额	科目名称	借方发生额
主营业务收入	6 000 000	主营业务成本	4 000 000
其他业务收入	700 000	主营业务税金及附加	80 000
投资收益	600 000	其他业务支出	400 000
营业外收入	50 000	营业费用	500 000
		管理费用	770 000
		财务费用	200 000
		营业外支出	250 000

① 结转各项收益时：

借：主营业务收入　6 000 000
　　其他业务收入　700 000
　　投资收益　600 000
　　营业外收入　50 000
　　贷：本年利润　7 350 000

② 结转各项成本、费用或支出时：

借：本年利润　　6 200 000

　贷：主营业务成本　　4 000 000

　　主营业务税金及附加　　80 000

　　其他业务支出　　400 000

　　营业费用　　500 000

　　管理费用　　770 000

　　财务费用　　200 000

　　营业外支出　　250 000

③ 年末，经计算税前会计利润即为 1 150 000(7 350 000−6 200 000)元，假设将该企业税前会计利润进行纳税调整后，应纳税所得额为 1 000 000 元，则应交所得税额为 330 000(1 000 000×33%)元。确认及结转所得税费用的账务处理如下。

借：所得税　　330 000

　贷：应交税金——应交所得税　　330 000

借：本年利润　　330 000

　贷：所得税　　330 000

④ 年末，将“本年利润”科目的年末余额 820 000(7 350 000−6 200 000−330 000)元转入“利润分配——未分配利润”科目，账务处理如下。

借：本年利润　　820 000

　贷：利润分配——未分配利润　　820 000

第四节　利润分配

企业本年实现的净利润加上年初未分配利润，即为可供分配的利润，企业应按不同的利润分配内容分别进行核算。

一、利润分配的程序

企业当年形成的利润，应根据国家有关规定和投资者的协议进行分配。其分配顺序如下。

(1) 弥补以前年度亏损。企业发生的年度亏损，可以用下一年度的税前利润弥补。下一年度不足弥补的，可以在 5 年内延续弥补。5 年内不足弥补的，用税后净利润弥补，也可以用以前年度提取的盈余公积弥补。企业以前年度亏损未弥补完，不得提取法定盈余公积金。

(2) 缴纳所得税。利润在弥补亏损后有剩余的，再按税法的有关规定，计算缴纳所得税。

(3) 提取法定盈余公积金。企业分配当年税后利润时，应当提取净利润的10%作为法定公积金。企业法定公积金累计额为注册资本的 50%时，可以不再提取。

(4) 支付优先股股利。股份有限公司股东会决议支付的优先股股利。此内容只限股份公司。

(5) 提取任意盈余公积金。公司从税后利润中提取法定公积金后，经股东会或者股东大会决议，还可以从税后利润中提取任意公积金。

(6) 支付普通股股利(或向投资者分配利润)。企业可以向投资者分配利润，股份公司当年无利润时，不得分配股利。如果在用盈余公积弥补亏损后，经股东会特别决议，可以按照不超过股票面值 6%的比率用盈余公积金分配股利，在分配股利后，企业盈余公积金不得低于注册资金的 25%。

另外，我国第三次修订通过的《公司法》于 2006 年 1 月 1 日起施行，财政部于 2006 年 3 月 15 日发布财企[2006]67 号文《关于〈公司法〉施行后有关企业财务处理问题的通知》：从 2006 年 1 月 1 日起，按照《公司法》组建的企业根据《公司法》第 167 条进行利润分配，不再提取公益金；同时，为了保持企业间财务政策的一致性，国有企业以及其他企业一并停止实行公益金制度。企业对 2005 年 12 月 31 日的公益金结余，转作盈余公积金管理使用；公益金赤字，依次以盈余公积金、资本公积金、以前年度未分配利润弥补，仍有赤字的，结转未分配利润账户，用以后年度实现的税后利润弥补。

二、利润分配的核算

企业应设置“利润分配”科目，核算企业净利润的分配(或亏损的弥补)和历年分配后的结存金额。通常情况下，企业应在“利润分配”科目设置以下明细科目：①其他转入；②提取法定盈余公积；③提取储备基金；④提取企业发展基金；⑤提取职工奖励及福利基金；⑥利润归还投资；⑦应付优先股股利；⑧提取任意盈余公积；⑨应付普通股股利；⑩转作资本(或股本)的普通股股利；⑪未分配利润。

企业用盈余公积弥补亏损，借记“盈余公积”科目，贷记“利润分配——其他转入”科目。按照规定从净利润中提取盈余公积和任意公积金时，借记“利润分配——提取法定盈余公积、提取任意盈余公积”科目，贷记“盈余公积——法定盈余公积、任意盈余公积”等科目。根据股东大会或类似机构批准的年度利润分配方案应当分配给股东的现金股利或利润，借记“利润分配——应付优先股股利、应付普通股股利”科目，贷记“应付股利”科目。

年度终了，企业应将全年实现的净利润，自“本年利润”科目转入“利润分配”科目，借记“本年利润”科目，贷记“利润分配——未分配利润”科目，如为净亏损，做相反的会计分录；同时，将“利润分配”科目下的其他明细科目的余额转入“利润分配”科目的“未分配利润”明细科目。结转后，除“未分配利润”明细科目外，“利润分配”科目的其他明细科目应无余额。

【例 6-26】 某企业 2006 年末法定盈余公积、未分配利润的余额分别为 100 万元、−60 万元。2007 年公司实现税后净利润 150 万元。经董事会决议，按法规提取法定盈余公积 10%，用法定盈余公积弥补亏损 60 万元，当年向普通股股东分配利润 30 万元。账务处理如下。

① 当年实现利润转入“利润分配”账户时：

借：本年利润　　1 500 000

　贷：利润分配——未分配利润　　1 500 000

② 根据董事会决议分配利润时：

应提取的法定盈余公积＝(150×10%)万元＝15 万元

借：利润分配——提取法定盈余公积　　150 000

　贷：盈余公积——法定盈余公积　　150 000

③ 根据董事会决议用盈余公积弥补亏损时：

借：盈余公积——法定盈余公积　　600 000

　贷：利润分配——其他转入　　600 000

④ 根据董事会决议向普通股股东分配投资利润时：

借：利润分配——应付普通股股利　　300 000

　贷：应付股利　　300 000

⑤ 将“利润分配”账户的其他明细账户余额全部转入“未分配利润”明细账户时：

借：利润分配——未分配利润　　450 000

　贷：利润分配——提取法定盈余公积　　150 000

　　　　　　——应付普通股股利　　300 000

借：利润分配——其他转入　　600 000

　贷：利润分配——未分配利润　　600 000

本章小结

收入是指企业在销售商品、提供劳务及让渡资产使用权等日常活动中所形成的经济利益的总流入。企业销售商品时，只有同时符合 4 个条件，才能确认收入。

费用是指企业为销售商品、提供劳务等日常活动所发生的经济利益的流出。费用与成本是两个并行使用的概念，两者之间既有联系也有区别。

利润是指企业在一定会计期间的经营成果。所得税是根据企业应纳税所得额的一定比例上缴的一种税金。年度终了，企业应将“本年利润”科目的本年累计余额转入“利润分配——未分配利润”科目。利润应按一定的顺序进行分配。

复习思考题

一、问答题

1. 什么是收入？其特点有哪些？如何进行分类？
2. 企业销售商品收入的确认条件？
3. 如何确认劳务收入？
4. 什么是费用？其特点有哪些？如何进行分类？
5. 费用和成本的关系怎样？
6. 什么是利润？利润由哪几部分组成？
7. 利润分配一般按什么顺序进行？

二、实训题

实训 1

目的：练习收入的核算。

资料：甲公司为增值税一般纳税企业，适用的增值税税率为 17%。2005 年 3 月 1 日，向乙公司销售某商品 1 000 件，每件标价为 2 000 元，实际售价为 1 800 元(售价中不含增值税额)，已开出增值税专用发票，商品已交付给乙公司。为了及早收回货款，甲公司在合同中规定的现金折扣条件为：2/10，1/20，n/30。

要求：

(1) 编制甲公司销售商品时的会计分录(假定现金折扣按售价计算)；

(2) 根据以下假定，分别编制甲公司收到款项时的会计分录。

① 乙公司在 3 月 8 日按合同规定付款，甲公司收到款项并存入银行；

② 乙公司在3月19日按合同规定付款，甲公司收到款项并存入银行；

③ 乙公司在3月29日按合同规定付款，甲公司收到款项并存入银行。

实训2

目的：练习劳务收入的核算。

资料：甲企业自2002年4月1日起为乙企业开发一项系统软件。合同约定工期为两年，合同总收入为100 000元，2002年4月1日乙企业支付项目价款50 000元，余额于软件开发完成时支付。该项目预计总成本为40 000元。其他相关资料如下表所示。

时　间	收款金额/元	累计实际发生成本/元	开发程度
2002年4月1日	50 000	—	—
2002年12月31日	—	16 000	40%
2003年12月31日	—	34 000	85%
2004年4月1日	—	41 000	100%

该项目于2004年4月1日完成并交付给乙企业，但余额尚未收到。甲企业按开发程度确定该项目的完工程度。假定为该项目发生的实际成本均用银行存款支付。

要求：编制甲企业2002—2004年与开发此项目有关的会计分录。

实训3

目的：练习收入和所得税的核算。

资料：甲公司为增值税一般纳税企业，适用的增值税税率为17%，适用的企业所得税税率为33%。商品销售价格中均不含增值税额。按每笔销售业务分别结转销售成本，2002年6月，甲公司发生的经济业务及相关资料如下。

(1) 向A公司销售商品一批。该批商品的销售价格为600 000元，实际成本为350 000元。商品已经发出，开具了增值税专用发票，并收到购货方签发并承兑的不带息商业承兑汇票一张，面值702 000元。

(2) 委托B公司代销商品1 000件。代销合同规定甲公司按已售商品售价的5%向B公司支付手续费，该批商品的销售价格为400元/件，实际成本为250元/件。甲公司已将该批商品交付B公司。

(3) 甲公司月末收到了B公司的代销清单。B公司已将代销的商品售出500件，款项尚未支付给甲公司，甲公司向B公司开具了增值税专用发票，并按合同规定确认了应向B公司支付的代销手续费。

(4) 以分期收款销售方式向C公司销售商品一批。该批商品的销售价格为500 000元，实际成本为300 000元，提货单和增值税专用发票已交C公司。根据合同，该货款(含增值税，下同)分三次收取，第一次收取货款的20%，8月1日和9月1日分别收取货款的40%。第一次应收取的货款已于本月收存银行。

(5) 除上述经济业务外，甲公司6月份有关损益类账户的发生额如下："其他业务收入"科目本期贷方发生额30 000元；"其他业务支出"科目本期借方发生额20 000元；"主营业务税金及附加"科目本期借方发生额15 000元；"管理费用"科目本期借方发生额60 000元；"财务费用"科目本期借方发生额22 000元；"营业外收入"科目本期贷方发生额70 000元；"营业外支出"科目本期借方发生额18 000元。

要求：

(1) 编制甲公司上述(1)至(4)项经济业务相关的会计分录；

(2) 计算甲公司本月应交所得税(假定甲公司不存在纳税调整因素)，并编制相应会计分录。

实训4

目的：练习期间费用业务的核算。

资料：M企业11月份发生下列有关费用支出的经济业务。

(1) 以银行存款支付产品广告费5 000元。

(2) 以银行存款支付诉讼费8 000元。

(3) 销售产品领用一次性包装物一批(不单独计价)，实际成本4 500元。

(4) 以现金支付财务部门购买账本、凭证、票据等费用350元。

(5) 以银行存款支付劳动保险费6 400元，产品展销费3 000元，排污费2 400元。

(6) 接银行通知，转来本月银行存款利息1 000元，已转入存款户。

(7) 预提本月短期周转借款利息1 500元。

要求：根据上述资料，编制相关的会计分录。

实训5

目的：练习营业外收支业务的核算。

资料：N企业11月份发生下列营业外收支业务。

(1) 以银行支付违约罚款4 000元。

(2) 将固定资产清理中发生的净损失6 000元，转作营业外支出。

(3) 以银行存款向灾区捐款8 000元。

(4) 经批准，将固定资产清查中发生的盘盈的设备价值4 000元转作营业外收入。

要求：根据上述资料，编制相关的会计分录。

实训6

目的：练习利润分配业务的核算。

资料：H公司全年实现净利润200 000元，年末有关利润分配的资料如下。

(1) 按净利润的10%提取法定盈余公积。

(2) 根据协议向优先股分派股利32 000元，结转应付优先股现金股利。

(3) 根据股东大会决议，按净利润的7%提取任意公积12 000元。

(4) 结转应付普通股现金股利70 000元。

(5) 将本年净利润200 000元转入“利润分配”科目。

(6) 将“利润分配”科目下属有关明细科目的余额转入“利润分配——未分配利润”科目。

要求：根据上述资料，编制相关的会计分录。

第七章　所有者权益

学习提示

所有者权益是指企业所有者对企业净资产的要求权，主要来源于企业投资者的初始投资、按合同或章程规定追加的投资以及企业在生产经营期间实现的留存收益。加强所有者权益的核算就是加强企业净资本的管理，也是加强对企业净盈余的管理。

所有者权益是指企业所有者对企业净资产的要求权，在数量上，所有者权益等于企业全部资产减去全部负债后的余额；在表现形式上，权益包括所有者权益和债权人权益(即负债)两部分，投资者和债权人都是企业资产的提供者,他们对企业资产都有要求权，由此便形成了“资产＝负债＋所有者权益”这一会计等式。虽然它们都属于企业经营资金的来源，但两者又各有其特点。

所有者权益主要来源于企业投资者的初始投资、按合同或章程规定追加的投资以及企业在生产经营期间实现的留存收益。企业因资本(或股本)溢价、接受捐赠、外币资本折算等原因形成的资本公积也是所有者权益的一项来源。因此，所有者权益的构成内容包括实收资本(或股本)、资本公积、盈余公积和未分配利润四个部分，其中，盈余公积和未分配利润统称为留存收益。

第一节　实收资本或股本

一、实收资本概述

实收资本是指投资者按照企业章程或合同、协议的约定，实际投入到企业的资本，它是企业注册登记的法定资本总额的来源，它表明所有者对企业的基本产权关系。

根据我国公司法的规定，投资者设立公司，从事生产经营活动，首先必须进行公司登记，投入必需的经营资本，并且取得企业法人资格。

(一)公司登记管理

设立公司必须依法办理登记手续。登记是国家为赋予公司法人资格而进行的一种行政行为，公司只有在国家法定机关登记后，才算正式成立，才具有法人资格，公司的权利才能受到国家的保护。公司登记是指依照我国公司法和公司登记管理条例的规定，对公司的设立、变更、终止等事项，向公司登记机关办理的登记。在我国，公司登记机关为各级工商行政管理机关。

1. 公司设立登记

公司设立登记是将公司的主要事项依法呈报公司登记机关审核，并依法领取“企业法人营业执照”的行为。公司只有在完成设立登记手续后，才能取得企业法人资格，然后才能从事生产经营活动。

(1) 设立公司的条件。设立一个公司，必须具备以下基本条件。

① 必须有明确的出资人和出资额。出资人是设立公司活动的主体，在公司的设立活动中享有一定的权利，并承担一定的义务；出资额即注册资本额，是公司从事生产经营活动的基本要素。

② 必须制订公司章程。公司章程是关于公司组织及其活动的基本规章，是具有法律约束力的文件。

③ 必须确定公司的名称和住所。公司名称应当符合国家有关规定，并且只能使用一个名称，经核准登记的名称受法律保护。公司的住所为公司办事机构所在地，若公司的办事机构分散在不同地方时，应以主要办事机构所在地为其住所。

(2) 设立登记的程序。公司设立登记，应当按照以下程序办理。

① 申请公司名称预先核准。即在正式申请办理公司设立之前，应先将拟设立公司的名称依照规定向公司登记机关提出申请，待取得公司登记机关发给的企业名称预先核准通知书后，方可正式办理公司的报批或设立登记申请事项。预先核准的公司名称保留期为 6 个月。申请名称预先核准应提交下列文件：有限责任公司的全体股东或者股份有限公司的全体发起人签署的公司名称预先核准申请书；股东或者发起人的法人资格证明或者自然人的身份证明；公司登记机关要求提交的其他文件。

② 申请设立登记。公司设立登记事项包括公司名称、住所、法定代表人、注册资本、企业类型、经营范围、营业期限、有限责任公司股东或股份有限公司发起人的姓名或者名称。公司设立登记事项应当符合法律、行政法规的规定，凡不符合法律、行政法规规定的，登记机关一律不予登记。设立有限责任公司，应当由全体股东指定的代表或者共同委托的代理人向公司登记机关申请登记，并向公司登记机关提交下列文件：公司董事长签署的设立登记申请书；全体股东指定代表或者共同委托代理人的证明；公司章程；具有法定资格的验资机构出具的验资

证明；股东的法人资格证明或者自然人的身份证明；载明公司董事、监事、经理的姓名和住所的文件以及有关委派、选举或者聘用的证明；公司法定代表人任职文件和身份证明；公司名称预先核准通知书；公司住所证明。设立股份有限公司，应由董事会于创立大会结束后30日内向公司登记机关申请设立登记，并提交如下文件：公司董事长签署的设立登记申请书；国务院授权部门或者省、自治区、直辖市人民政府的批准文件；创立大会的会议记录；公司章程；筹办公司的财务审计报告；具有法定资格的验资机构出具的验资证明；发起人的法人资格证明或者自然人身份证明；载明公司董事、监事、经理的姓名和住所的文件以及有关委派、选举或者聘用的证明；公司法定代表人任职文件和身份证明；公司名称预先核准通知书；公司住所证明。申请人向公司登记机关提交公司登记申请后，凡是提交的文件符合《公司登记管理条例》规定的，公司登记机关应发给公司登记受理通知书，并在该通知书发出后30日内作出核准登记或者不予登记的决定。经公司登记机关核准设立登记并发给"企业法人营业执照"，公司即告成立。公司凭公司登记机关核准的"企业法人营业执照"刻制印章，开立银行账户，申请纳税登记。

③ 分公司登记。分公司是指公司在其住所以外设立的从事经营活动的机构，不具有企业法人资格。公司设立分公司的，应当向分公司所在地的市、县公司登记机关申请登记，其登记事项只包括名称、营业场所、负责人和经营范围四项。

2. 公司变更登记

一般来说，公司设立登记时已登记的事项发生变化，都应办理变更登记手续，如公司的名称、住所、法定代表人、注册资本、经营范围、企业类型、股东等发生变化，以及公司因合并或分立而存续时都应当办理变更登记。公司变更登记事项，应当严格按照《公司登记管理条例》的要求，向原公司登记机关申请变更登记。未经核准变更登记，公司不得擅自改变登记事项。

公司申请变更登记，应向公司登记机关提交以下文件：公司法定代表人签署的变更登记申请书；依照我国公司法作出的变更决议或者决定；公司登记机关要求提交的其他文件。

3. 公司注销登记

公司注销登记是公司终止的法律标志。当公司被依法宣告破产时、公司出现章程规定的营业期满或者其他解散事由解散时、股东会决议解散时、公司因合并分立解散时、公司被依法责令关闭时，公司清算组织应当自清算结束之日起30日内向原公司登记机关申请注销登记。

公司申请注销登记，应提交下列文件：公司清算组织负责人签署的注销登记申请书；法院破产裁定，公司依照公司法作出的决议或者决定，行政机关责令关闭的文件；股东会或者有关机关确认的清算报告；企业法人营业执照；法律、行政法规规定应当提交的其他文件。

4. 公司年度检验

年度检验是我国公司登记管理制度中的一项重要内容。公司年度检验于每年的 1 月 1 日至 4 月 30 日进行。登记主管机关应在规定的时间内，对企业上一年度的情况进行检查。企业应在每年的 3 月 15 日之前向登记主管机关报送年检材料。

企业申报年检须提交下列文件：年检报告书；营业执照副本；企业法人年度资产负债表和损益表；其他应当提交的材料。公司和外商投资企业应当提交年度审计报告。公司年度审计报告由经工商行政管理机关登记注册的会计师事务所或审计事务所出具。

企业年检的主要内容包括：企业登记事项执行和变动情况；股东或者出资人的出资或提供合作条件的情况；企业对外投资情况；企业设立分支机构情况；企业生产经营情况。

登记主管机关对没有通过年检的企业，要依法吊销其营业执照；对通过年检的企业，要签署通过年检的意见，并将其分为 A 级和 B 级两种类别，A 级为遵守工商行政管理法规情况良好的，B 级为有违反工商行政管理法规行为的。登记主管机关应在其营业执照上加贴带有 A、B 标记的年检标志和加盖年检戳记，企业取得继续经营的资格。未参加年检的企业，不得继续从事经营活动。登记主管机关对年检截止日期前未参加年检的企业法人进行公告，自公告发布之日起 30 日内仍未申报年检的，依法吊销其营业执照。

(二)公司注册资本

《公司登记管理条例》规定，企业申请开业必须具备国家规定的与其生产经营和服务规模相适应的资金数额。我国设立企业采用注册资本金制度。所谓注册资本，是指企业向工商行政管理部门登记的、投资者缴纳的出资额。投资者出资达到法定注册资本的要求是企业设立的先决条件，也是企业从事生产经营活动必要的物质保证。企业会计核算中的实收资本应当与注册资本相一致，不过投资人可以自公司成立起 2 年内缴足出资额，但全体投资人的首次出资额不得低于注册资本的 20%，也不得低于法定注册资本的最低限额。我国新公司法明确规定，有限责任公司注册资本的最低限额为人民币 3 万元，股份有限公司注册资本的最低限额为 500 万元。

当企业实收资本比原注册资金增减超过 20%时，应持资金使用证明或者验资证明，向原登记主管机关申请变更登记。如擅自改变注册资金数额或抽逃资金，则要受到工商行政管理部门的相应处罚。

(三)投资人出资方式

我国新公司法规定，投资者既可以用货币出资，也可以用实物、知识产权、土地使用权等可以用货币作价并可以依法转让的非货币财产作价出资，其中，全体投资人的货币出资金额不得低于公司注册资本的 30%。对作为出资的实物、知识产权以及土地使用权，必须进行评估作价，核实财产，不得高估或低估作价。不论以何种方式出资，企业在收到所有者投入企业的资本时，必须聘请注册会计师进行验资并由其出具验资报告，由企业签发所有者出资证明书。投资者如在投资过程中违反投资合约，不按规定如期缴足出资额，企业可以依法追究投资者的违约责任。

实收资本的构成比例即投资者的出资比例或股东的股份比例，是确定所有者在企业所有者权益中所占的份额和参与企业经营管理权限的基础，也是企业进行利润分配或股利分配的依据，同时还是企业清算时确定所有者对净资产的要求权的依据。企业必须按照国家统一的会计制度的规定进行实收资本的核算，真实地反映所有者投入企业资本的状况，维护所有者各方在企业的权益。

(四)实收资本的分类

实收资本按投资主体可分为国家投入资本、法人投入资本、个人投入资本和外商投入资本。

(1) 国家投入资本。

国家投入资本是指有权代表国家投资的政府部门或机构以国有资产投入企业所形成的资本。

(2) 法人投入资本。

法人投入资本是指我国具有法人资格的经济组织以其依法可以支配的资产投入企业所形成的资本。

(3) 个人投入资本。

个人投入资本是指我国公民以其合法财产投入企业所形成的资本。

(4) 外商投入资本。

外商投入资本是指外国投资者以及我国香港、澳门、台湾地区的投资者将资产投入企业所形成的资本。

二、实收资本的核算

为了反映和监督投资者投入的资本及其增减变动情况，除股份有限公司以外，其他各类企业应设置“实收资本”科目。该科目的贷方登记实收资本的增加数额，借方登记实收资本的减少数额，期末贷方余额反映企业期末实收资本实有数额。为了反映企业各所有者投资在企业所有者权益中的构成及其变动情况，“实收资本”科目还必须按所有者设置明细科目，进行明细分类核算。股份有限公司应设置“股本”科目，核算公司在核定的股本总额及核定的股份总额范围内实际发行股票的面值总额。该科目贷方登记公司在核定的股份总额及股本总额范围内实际发行股票的面值总额，借方登记公司按照法定程序经批准减少的股本数额，期末贷方余额反映公司股本实有数额。由于股份有限公司股本的核算方法与非股份有限公司实收资本的核算方法基本相同，本章将主要介绍实收资本的核算方法。

(一)接受现金资产投资

企业收到投资者以现金投入的资本时，应以实际收到的金额或存入企业开户银行的金额作为实收资本入账，借记“现金”、“银行存款”科目，贷记“实收资本”科目。对于不同投资者投入的货币资金，企业应按投资者分别设置明细账进行明细核算。

【例 7-1】 甲企业的注册资本为 700 万元，根据合同约定，该企业收到投资者 A 投入的资本为 300 万元，投资者 B 投入的资本为 250 万元，投资者 C 投入的资本为 150 万元。款项已全部存入甲企业的开户银行。有关会计处理如下。

借：银行存款　　　　　　　　　　7 000 000
　贷：实收资本——A　　　　　　　　　3 000 000
　　　　　　——B　　　　　　　　　2 500 000
　　　　　　——C　　　　　　　　　1 500 000

(二)接受外币资本投资

企业收到投资者以外币现金投入的资本，一方面，应当将实际收到的外币款项等作为资产入账；另一方面，应将因接受外币资产而增加的资本作为实收资本入账，在折算为记账本位币时，需要区别情况，按照投资合同中是否约定汇率而定。

(1) 如果投资合同中约定汇率的，应按收到外币出资额当日汇率折合的人民币金额，借记“银行存款”等科目，按合同约定汇率折合的人民币金额，贷记“实收资本”科目，将因采用不同折合汇率产生的人民币金额的差额，借记或贷记“资本公积——外币资本折算差额”科目。

(2) 如果投资合同没有约定汇率的，应按收到外币出资额当日汇率折合的人民币金额，借记“银行存款”等科目，贷记“实收资本”科目。

【例 7-2】 某外商投资企业收到外方投入的外币资本为 1 000 000 美元，当日的市场汇率为 1 美元＝8.30 元人民币。该外商投资企业以人民币为记账本位币，中外双方签订的投资合同中约定汇率为 1 美元＝8.00 元人民币。该企业应做如下会计处理。

借：银行存款　　　　　　　　　　　　　　8 300 000

　　贷：实收资本　　　　　　　　　　　　　　8 000 000

　　　　资本公积——外币资本折算差额　　　　　300 000

假如投资合同中没有约定汇率，该企业应做如下会计处理。

借：银行存款　　　　　　　　　　　　　　8 300 000

　　贷：实收资本　　　　　　　　　　　　　　8 300 000

(三)接受非现金资产投资

企业接受非现金资产投资时，应将非现金资产按投资各方确认的价值入账。

企业接受的实物资产投资，应在办理实物产权转移手续时，按投资各方确认的价值，借记“固定资产”、“原材料”等科目，贷记“实收资本”科目。对于投资各方确认的资产价值超过其在注册资本中所占份额的部分，应贷记“资本公积”科目。企业接受的无形资产投资，应按合同、协议或公司章程的规定移交有关凭证时，借记“无形资产”科目，贷记“实收资本”科目。对于投资各方确认的无形资产价值超过其在注册资本中所占份额的部分，应贷记“资本公积”科目。

【例 7-3】 某企业收到投资者作为资本投入的、不需要安装的设备 1 台，该设备双方确认的价值为 1 500 000 元。该企业应做如下会计处理。

借：固定资产　　　　　　　　　　　　　　1 500 000

　　贷：实收资本　　　　　　　　　　　　　　1 500 000

【例 7-4】 某企业收到投资者作为资本投入的原材料一批，该批原材料经双方确认的价值为 300 000 元，经税务部门认定应交增值税额为 51 000 元。该企业应做如下会计处理。

借：原材料　　　　　　　　　　　　　　　300 000

　　应交税金——应交增值税(进项税额)　　　51 000

　　贷：实收资本　　　　　　　　　　　　　　351 000

【例 7-5】 某公司于设立时收到 A 公司作为资本投入的专利权一项，该专利权经评估并经投资者各方确认的价值为 100 000 元，同时收到 B 公司作为资本投入的土地使用权一项，投资各方确认的价值为 300 000 元。该公司应做如下会计处理。

借：无形资产——专利权　　　　　　　　　100 000

　　　　　　——土地使用权　　　　　　　300 000

　　贷：实收资本——A 公司　　　　　　　　　100 000

　　　　　　　　——B 公司　　　　　　　　　300 000

第二节 资本公积

一、资本公积概述

资本公积是投资者投入到企业但又不构成实收资本，并且在金额上超过法定资本部分的资金，或者从其他来源取得，由所有者共同享有的资金。

资本公积与实收资本都属于所有者权益的范畴，但实收资本一般是投资者投入的、为谋求价值增值的原始投资，而且属于法定资本，与企业的注册资本相一致，因此，实收资本无论是在来源上，还是在金额上，都有比较严格的限制；资本公积有特定来源，不同来源形成的资本公积由全体所有者共同享有。资本公积与留存收益也有本质的区别：留存收益是企业实现净利润的转化形式，资本公积具有投入资本的属性，与企业的净利润无关。在我国，资本公积主要用来转增资本(或股本)。

资本公积主要包括资本(或股本)溢价、接受捐赠资产、股权投资准备、拨款转入、外币资本折算差额以及其他资本公积等。其中，资本(或股本)溢价、拨款转入、外币资本折算差额和其他资本公积可以直接用于转增资本(或股本)；接受捐赠非现金资产准备和股权投资准备转入其他资本公积后可用于转增资本(或股本)。

(1) 资本(或股本)溢价。

资本溢价是指投资者实际缴付企业的出资额大于该投资者在企业注册资本中所拥有份额的数额。股本溢价是指股份有限公司溢价发行股票时实际收到的款项超过股票面值总额的数额。该数额是按投资人的出资额与其在新增注册资本中应占的份额的差异计算的，如发行股票溢价净收入，即股票溢价收入扣除发行费用后的净额。

(2) 接受捐赠资产。

接受捐赠资产是指政府、社会团体或个人等方面无偿捐赠给企业货币或实物等财产而增加的企业资产。捐赠者将资产捐赠给企业，与投资活动有本质的区别。因为捐赠者对企业的捐赠既不谋求对企业资产提出要求，也不期望获得回报，更不会由于捐赠而对企业承担一定的经济责任。企业因接受捐赠而增加的资产并非由企业的赢利活动所获得，不具有收益性质，不应作为收益确认，也不构成企业的实收资本，不应作为实收资产予以确认。因此，企业会计制度将接受捐赠资产纳入资本公积核算。接受捐赠资产可以分为现金资产和非现金资产两部分。

(3) 股权投资准备。

股权投资准备是指企业对被投资单位的长期股权投资采用权益法核算时，因被投资单位接受捐赠等原因增加资本公积，从而导致投资企业按其持股比例或投资比例计算应增加的资本公积。

(4) 拨款转入。

拨款转入，是指企业收到国家拨入的专门用于某项目的拨款在该项目完成后，将形成资产的拨款按规定转入资本公积的部分。

(5) 其他资本公积。

其他资本公积，是指除上述各项资本公积以外所形成的资本公积，以及从资本公积各准备项目转入的金额。

二、资本公积的核算

为了核算企业资本公积的增减变动情况，企业应设置“资本公积”科目，该科目的贷方核算企业资本公积增加数额，借方核算企业资本公积减少数额，期末贷方余额为企业资本公积结余数额。为了反映各类不同性质的资本公积的增减变动情况，“资本公积”科目应按照资本公积的类别设置明细科目，进行明细分类核算。

(一)资本(或股本)溢价

1. 资本溢价

在由两个以上投资者合资经营的企业(不含股份有限公司)中，投资者通常依其出资额对企业承担有限责任。在企业创立时，投资者认缴的出资额一般与注册资本一致，不会产生资本公积。但在企业重组或有新的投资者加入时，为了维护原投资者的权益，新加入的投资者的出资额并不一定全部作为实收资本处理。这是因为在企业正常经营过程中投入的资金即使与企业创立时投入的资金在数量上一致，其获利能力却可能不一致。企业创立时，要经过筹建、试生产经营、为产品寻找市场、开辟市场等过程，从投入资金到取得投资回报，中间需要很长时间，并且这种投资具有风险性，在这个过程中资本利润率很低，而企业进入正常生产经营后，其资本利润率通常要高于企业初创阶段。而这高于初创阶段的资本利润是由初创时必要的垫支资金带来的，企业创办者为此付出了代价，因此，相同数额的投资，由于出资时间不同，其对企业的影响程度不同，由此而带给投资者的权利也不同，往往前者大于后者。另外，不仅原投资者的投资从质量上发生了变化，而且从数量上也可能发生变化：企业经营过程中实现利润的一部分留在企业，形成留存收益，留存收益也属于所有者权益，但其未转入实收资本。新加入的投资者如果与原投资者共享这部分留存收益，也要求其付出大于原投资者的出资额，才能取得与原投资者相同的投资比例，新投资者投入的资本中按其投资比例计算的出资额部分，应记入“实收资本”科目，大于原投资者的出资额部分应记入“资本公积”科目。

【例 7-6】 某联营企业由甲、乙两位股东各出资 100 万元设立，经营 3 年后已有留存收益 100 万元，企业处于稳定发展时期。现有丙企业有意加入该企业，愿出资 180 万元，拥有该 1/3 的企业股权。企业各股东一致同意丙企业加入。企业已办妥增资变动手续，注册资本由原来的 200 万元变为 300 万元。收到丙企业投入的人民币 180 万元，存入银行。该企业应做如下会计处理。

借：银行存款　　1 800 000

　贷：实收资本　　1 000 000

　　资本公积——资本溢价　　800 000

2．股本溢价

股份有限公司在采用面值发行股票的情况下，企业发行股票取得的收入，应全部记入“股本”科目；在采用溢价发行股票的情况下，企业发行股票取得的收入，相当于股票总面值的部分记入“股本”科目，超出股票面值的溢价收入(含发行股票冻结期间所产生的利息收入)扣除支付给证券代理商的手续费、佣金后的数额，记入“资本公积”科目。

【例 7-7】 甲公司委托某证券公司代理发行普通股 2 000 000 股，每股面值为 1 元，每股发行价格为 1.10 元，与委托单位约定按发行收入的 1%收取手续费，从发行收入中扣除。收到的股款已存入银行。该企业应做如下会计处理。

借：银行存款　　2 178 000

　贷：股本　　2 000 000

　　资本公积——股票溢价　　178 000

(二)接受捐赠资产

企业接受捐赠取得的资产，应当按会计制度及相关准则的规定确定其入账价值。同时，企业应当按税法规定确定的接受捐赠资产的入账价值在扣除应交纳的所得税后，计入资本公积。在进行会计处理时，企业接受捐赠资产应当按税法规定确定的入账价值，通过“待转资产价值”科目核算。企业应在“待转资产价值”科目下设置“接受捐赠货币性资产价值”和“接受捐赠非货币性资产价值”两个明细科目。

1．接受货币性资产捐赠

货币性资产是指现金、银行存款及其他货币资金。企业取得的货币性资产捐赠，应按实际取得的金额，借记“现金”或“银行存款”等科目，贷记“待转资产价值——接受捐赠货币性资产价值”科目。会计期末，企业应按税法规定计算出当期应缴纳的所得税，借记“待转资产价值——接受捐赠货币性资产价值”科目，贷记“应交税金——应交所得税”科目，按其差额，贷记“资本公积——接受现金捐赠”科目。“资本公积——接受现金捐赠”科目待转入“资本公积——其他资本公积”科目后可用于转增资本。

2．接受非货币性资产捐赠

非货币性资产是指货币性资产以外的资产。企业取得的非货币性资产捐赠，应按会计制度及相关准则规定确定入账价值，借记“库存商品”、“固定资产”、“无形资产”等科目，按接受捐赠资产按税法规定确定的入账价值，贷记“待转资产价值——接受捐赠非货币性资产价值”科目。会计期末，企业应按税法规定正确地确定当期应纳税所得额，计算当期应缴纳的所得税，借记“待转资产价值——接受捐赠非货币性资产价值”科目，贷记“应交税金——应交所得税”科目，按其差额，贷记“资本公积——接受捐赠非现金资产准备”科目。由于资本公积的准备项目不能转增资本(或股本)，在该项资产得到处置后可转入“资本公积——其他资本公积”科目，转入后，该部分资本公积就可以用于转增资本。

(三)股权投资准备

企业在对某被投资企业的长期股权投资采用权益法核算的情况下，对该被投资单位因接受捐赠、增资扩股等原因增加的资本公积，企业应按其在被投资单位的股权比例计算其应享有资本公积的份额，借记“长期股权投资——股票投资(股权投资准备)”科目或者“长期股权投资——其他股权投资(股权投资准备)”科目，贷记“资本公积——股权投资准备”科目。当投资企业处置其所持股权时，再按原计入股权投资准备的部分，借记“资本公积——股权投资准备”科目，贷记“资本公积——其他资本公积”科目。股权投资准备不可直接用于转增资本，只有将其转入其他资本公积后，该部分资本公积方可用于转增资本。

【例 7-8】 甲企业于 2003 年 3 月 1 日向乙公司投资 1 000 万元，拥有该公司 60%的有表决权资本。2004 年 12 月 31 日乙公司因接受一项设备捐赠而增加资本公积 125 万元，由于甲企业拥有其 60%的股份，按权益法核算，甲企业应相应增加资本公积 75 万元。2005 年 12 月 31 日，甲企业将其对乙公司的投资作价 1 500 万元转让。甲企业应做如下会计处理。

① 2004 年 12 月 31 日：

借：长期股权投资——其他股权投资(股权投资准备) 750 000

　　贷：资本公积——股权投资准备　　　　　　750 000

② 2005年12月31日：

借：资本公积——股权投资准备 750 000

　　贷：资本公积——其他资本公积 750 000

(四)拨款转入

拨款转入是指企业收到国家拨入的专门用于技术改造、技术研究等的拨款项目完成后，按规定转入资本公积的部分。企业在收到拨款时，暂时作为长期负债处理，待该项目完成后，属于费用而按规定予以核销的部分，直接冲减长期负债；属于形成资产价值的部分，从理论上讲应视为国家的投资，增加国家资本，但因增加资本需要经过一定的程序，所以，暂计入资本公积，形成资本公积的一项来源。

企业收到国家拨入专款时，借记“银行存款”科目，贷记“专项应付款”科目，拨款项目完成后，对于形成各项资产的部分，应按实际成本，借记“固定资产”等科目，贷记有关科目，同时，借记“专项应付款”科目，贷记“资本公积——拨款转入”科目。

【例7-9】 2001年1月1日，甲企业收到国家拨入的专门用于技术研究的款项，共计人民币50万元，甲企业利用专款购入20万元的实验仪器一台，其余款项全部用于研究支出。2001年末该项目完成。甲企业的有关会计处理如下。

① 2001年1月1日，实际收到专项拨款时：

借：银行存款 500 000

　　贷：专项应付款 500 000

② 购入仪器时：

借：固定资产 200 000

　　贷：银行存款 200 000

③ 发生研究费时：

借：管理费用 300 000

　　贷：银行存款 300 000

④ 2001年末项目完成时：

借：专项应付款 500 000

　　贷：管理费用 300 000

　　　　资本公积——拨款转入 200 000

(五)其他资本公积

其他资本公积是指除上述各项资本公积以外所形成的资本公积，例如，企业无法支付的应付款项，债权人豁免的债务，以及从资本公积各准备项目转入的金额。企业获得债权人豁免债务时，应按照豁免的债务金额，借记“应付账款”、“其他应付款”、“短期借款”、“长期借款”等科目，贷记“资本公积——其他资本公积”科目。企业的各项资本公积准备转入时，应借记“资本公积——接受捐赠非现金资产准备”、“资本公积——股权投资准备”等科目，贷记“资本公积——其他资本公积”科目。

【例 7-10】 某公司在 2005 年 12 月 10 日与其母公司实施债务重组，该公司积欠母公司的 100 万元应付账款和 25 万元其他应付款被母公司豁免。据此，该公司应做如下会计处理。

借：应付账款　　1 000 000
　　其他应付款　　250 000
　　贷：资本公积——其他资本公积　　1 250 000

第三节　留存收益

一、留存收益概述

留存收益是指企业从历年实现的利润中提取或留存于企业的内部积累，它来源于企业生产经营活动所实现的净利润，包括企业的盈余公积金和未分配利润两部分。

企业当年形成的利润，应根据国家有关规定和投资者的协议进行分配。企业利润通过分配后，提取的盈余公积金和留存企业的以及历年结存的未分配利润形成了企业的留存收益。

(一) 盈余公积金

盈余公积金是指企业按规定从净利润中提取的积累资金，包括法定公积金、任意公积金。

(1) 法定公积金。

法定公积金是指企业按照法律规定的比例从净利润中提取的盈余公积。我国新《公司法》规定，有限责任公司和股份有限公司应按照净利润(减弥补以前年度亏损)的 10%提取(非公司制企业也可按照超过 10%的比例提取)法定公积金，提取的法定公积金累计额已达注册资本的 50%时可以不再提取。

(2) 任意公积金。

任意公积金是公司制企业出于实际需要或采取审慎经营策略，经股东会或者股东大会决议，从税后利润中提取的公积金，其他企业也可根据需要提取任意公积金。

企业提取的公积金可用于弥补亏损、扩大企业生产经营规模和转为增加企业资本或股本。法定公积金转为资本时，所留存的该项公积金不得少于转增前公司注册资本的25%。

(二)未分配利润

未分配利润是企业实现的净利润经过弥补亏损、提取公积金和向投资者分配利润后留存在企业的、历年结存的利润。未分配利润通常用于以后年度向投资者进行分配，也是企业所有者权益的组成部分。

二、留存收益的核算

为了反映和监督企业公积金的提取和使用等增减变动情况，企业应设置“盈余公积”科目，并在“盈余公积”科目下设置“法定公积金”和“任意公积金”两个明细科目，分别核算各项盈余公积的提取和使用情况。该科目贷方登记企业按照规定提取的各项盈余公积的数额，借方登记企业将盈余公积用于弥补亏损、转增资本以及分配现金股利或利润而减少盈余公积的数额等，期末贷方余额表示企业提取尚未转出的盈余公积结存数。

未分配利润是对累计可供分配的利润进行分配后的结果，它通过设置“利润分配——未分配利润”明细科目进行核算。“利润分配——未分配利润”科目的借方登记转入的本年亏损额，以及“利润分配”科目下其他有关明细科目转入的余额，贷方登记转入的本年利润额以及“利润分配”科目有关明细科目转入的余额。“利润分配——未分配利润”科目的余额如果在贷方，即为累积未分配利润；如果在借方，即为累积未弥补亏损。

(一)提取公积金

企业按规定提取各项盈余公积时，借记“利润分配——提取法定公积金、提取任意公积金”科目，贷记“盈余公积——法定公积金、任意公积金”科目。

【例7-11】 A公司本年实现净利润为1 000 000元(假设无以前年度未弥补亏损)，按10%的比例提取法定公积金 100 000元。其会计分录如下。

借：利润分配——提取法定公积金　　100 000

　　贷：盈余公积——法定公积金　　100 000

(二)盈余公积弥补亏损

企业经股东大会或类似机构决议，用盈余公积弥补亏损时，应当借记“盈余公积”科目，贷记“利润分配——其他转入”科目。

【例 7-12】 某公司经股东大会决议，用以前年度提取的法定公积金弥补当期亏损，当期弥补亏损的数额为 40 000 元。该公司应作如下会计处理。

借：盈余公积——法定公积金　　　　40 000

　　贷：利润分配——其他转入　　　　40 000

(三) 盈余公积转增资本(或股本)

企业经批准用盈余公积转增资本时，应按照实际用于转增的盈余公积金额，借记“盈余公积”科目，贷记“实收资本”科目，股份有限公司经股东大会决议，用盈余公积转增股本时，应借记“盈余公积”科目，贷记“股本”科目。

【例 7-13】 某企业经批准，在本期将法定公积金 250 000 元用于转增资本。该企业应做如下会计处理。

借：盈余公积——法定公积金　　　　250 000

　　贷：实收资本　　　　250 000

(四) 用盈余公积分配现金股利或利润

企业经股东大会或类似机构决议，用盈余公积分配现金股利或利润时，借记“盈余公积”科目，贷记“应付股利”科目。

(五) 未分配利润

未分配利润通过“利润分配”科目核算。年度终了企业应将全年实现的净利润，自“本年利润”科目转入“利润分配——未分配利润”科目。如企业当年实现盈利，应借记“本年利润”科目，贷记“利润分配——未分配利润”科目；如果企业发生亏损，则借记“利润分配——未分配利润”科目，贷记“本年利润”科目，然后将“利润分配”科目下的其他有关明细科目(如其他转入、提取法定公积金、提取任意公积金、应付普通股股利等)的余额，转入“未分配利润”明细科目。结转后，“未分配利润”明细科目的贷方余额，就是累积未分配的利润数额。如出现借方余额，则表示累积未弥补的亏损额。

【例 7-14】 某股份有限公司年初未分配利润为 0，本年实现净利润 800 000 元，本年提取法定公积金 80 000 元，支付普通股股利 500 000 元，即“本年利润”科目年末贷方余额 800 000 元，“利润分配——提取法定公积金”科目借方余额 80 000 元，“利润分配——应付普通股股利”科目借方余额为 500 000 元。公司年末将“本年利润”科目余额转入“利润分配——未分配利润”科目，用“利润分配 ——未分配利润”明细科目结平“利润分配”其他明细科目，其会计分录如下。

借：本年利润　　　　800 000

　　贷：利润分配——未分配利润　　　　800 000

借：利润分配——未分配利润　　580 000
　　贷：利润分配——提取法定公积金　　80 000
　　　　　　　　——应付普通股股利　　500 000

根据上述会计分录进行会计处理的结果，“利润分配——未分配利润”科目的贷方余额为 220 000 元(即本年利润 800 000－提取法定公积金 80 000－支付普通股股利 500 000)，该数额即为该公司本年年末的未分配利润。

本章小结

所有者权益是投资人对企业净资产的要求权，企业净资产等于企业全部资产减去全部负债后的余额。

实收资本是指投资者按照企业章程或合同、协议的约定，实际投入到企业的资本，它是企业从事生产经营活动的启动资金，也是企业经营资金的主要来源。

资本公积是投资者投入到企业但又不构成实收资本，并且在金额上超过法定资本部分的资金，或者从其他来源取得，由所有者共同享有的资金。资本公积主要用来转增资本(或股本)，它具有投入资本的性质。

留存收益指企业从历年实现的利润中提取或留存于企业的内部积累，它来源于企业生产经营活动所实现的净利润，包括企业的盈余公积金和未分配利润两部分。盈余公积金是指企业按规定从净利润中提取的积累资金。未分配利润是企业实现的净利润经过弥补亏损、提取公积金和向投资者分配利润后留存在企业的、历年结存的利润。

复习思考题

一、问答题

1. 什么是所有者权益？所有者权益由哪几部分构成？
2. 什么是实收资本？什么是注册资本？两者的关系如何？
3. 什么是资本公积？资本公积包括哪几项内容？
4. 什么是留存收益？留存收益包括哪几项内容？

二、实训题

实训 1

目的：练习所有者权益的核算。

资料:

(1) 收到A企业投入的货币资金100 000元；投入的原值为350 000元的设备一台，双方确认的价值为300 000元。

(2) 接受外企外币投资100 000美元，当天的外汇汇率为1美元兑换8.30元人民币，双方合同约定的汇率为1美元兑换8.20元人民币。

(3) 企业接受某外商捐赠的全新设备一台，价值为200 000元，所得税税率为33%。

(4) 企业将200 000元资本公积，转增资本。

(5) 企业本年实现利润200 000元，经股东大会决议，提取法定盈余公积金，提取比例为10%；并按10%提取任意盈余公积。

(6) 公司2004年亏损400 000元，经股东大会决议，用法定盈余公积补亏。

要求：根据上述资料编制相应的会计分录。

第八章　财务会计报告

学习提示

财务会计报告，是指企业对外提供的反映企业某一特定日期财务状况和某一会计期间经营成果、现金流量的文件。财务会计报告包括会计报表、会计报表附注和财务情况说明书。本章只介绍三个基本会计报表的编制。正确编制会计报表，可以为各有关方面管理和决策提供所需要的各种会计信息。

第一节　财务会计报告概述

一、财务会计报告的概念及内容

财务会计报告也称为财务报告，是指企业对外提供的反映企业某一特定日期财务状况和某一会计期间经营成果、现金流量的文件。

财务会计报告包括会计报表、会计报表附注和财务情况说明书。其中，会计报表是财务会计报告的主体和核心，它包括资产负债表、利润表、现金流量表及相关附表，本章重点介绍三个基本会计报表的编制；会计报表附注是指为便于财务会计报告使用者理解财务会计报告的内容而对财务会计报告的编制基础、编制依据、编制原则和方法及主要项目等所作的解释；财务情况说明书是在会计报表所反映情况的基础上，对企业财务状况、经营成果、资金周转情况及其发展前景所作的总括说明。

二、编制财务会计报告的目的

企业编制财务会计报告的主要目的，是为帮助财务会计报告使用者进行经济决策提供会计信息。财务会计报告使用者通常包括投资者、债权人、政府相关机构、企业管理人员、职工和社会公众等。不同的报告使用者对财务会计报告所提供信息的要求各有侧重。

投资者(股东)主要关注投资的内在风险和投资报酬。企业编制的财务会计报告，应当着重为其提供有关企业的赢利能力、资本结构和利润分配政策等方面的信息。

债权人主要关注的是其所提供给企业的资金是否安全，自己的债权是否能够按期如数收回。企业编制的财务会计报告，应当着重为他们提供有关企业偿债能力的信息。

政府相关机构最关注的是国家资源的分配和运用情况，需要了解与经济政策(如税收政策)的制定、国民收入的统计等有关的信息。企业编制的财务会计报告，应当着重为其提供有关企业的资源及其运用、分配方面的情况，为国家的宏观决策提供必要的信息。

企业管理人员最关注的是企业财务状况的好坏、经营业绩的大小以及现金的流动情况。企业编制的财务会计报告，应当着重为其提供有关企业某一特定日期的资产、负债与所有者权益情况，以及某一特定经营期间经营业绩与现金流量方面的信息，并为以后进行生产经营决策、改善生产经营管理提供参考资料。

企业职工最关注的是企业为其所提供的就业机会及其稳定性、劳动报酬高低和职工福利好坏等方面的资料，而上述情况又与企业的资本结构及其赢利能力等情况密切相关。企业编制的财务会计报告除了需要提供以上信息外，还需提供与职工福利相关的资料。

社会公众(包括企业潜在的投资者或债权人)主要关注企业（特别是对股份有限公司)的兴衰及其发展情况。企业编制的财务会计报告，应当着重为其提供有关企业目前状况及其未来发展等有关方面的资料，帮助他们了解企业，并为其未来的投资决策提供信息。

三、财务会计报告的分类及编制要求

财务会计报告可以按照不同的标准进行分类。

(一)按反映内容分类

按反映内容的不同，财务会计报告可以分为静态会计报告和动态会计报告。静态报告是指综合反映企业某一特定日期资产、负债和所有者权益状况的报表，如资产负债表；动态报告是指综合反映企业一定期间的经营情况或现金流动情况的报表，如利润表和现金流量表。

(二)按编报时间分类

按编报时间的不同，财务会计报告可以分为月报、季报、半年报和年报。其中，月报要求简明扼要，反映及时；年报要求列报完整，反映全面；而季报和半年报在会计信息的详细程度方面，则介于二者之间。企业会计制度将半年度、季度和月度财务会计报告统称为中期财务会计报告。季度和月度财务会计报告通常仅指会计报表，但国家统一的会计制度另有要求的，则应按要求增加相关资料。半年度中期财务会计报告中的会计报表附注至少应当披露企业当期所有重大的事项。

(三)按编制单位分类

按编制单位的不同，财务会计报告可以分为单位报告和合并报告。单位报告是指由企业在自身会计核算基础上对账簿记录进行加工而编制的会计报告，它主要用以反映企业自身的财务状况、经营成果和现金流量情况。合并报告是以母公司和子公司组成的企业集团为会计主体，根据母公司与其子公司的会计报表，由母公司编制的综合反映企业集团财务状况、经营成果及现金流量的会计报告。

(四)按服务对象分类

按照服务对象的不同，财务会计报告可以分为内部报告和外部报告。内部报告是指为满足企业内部经营、管理需要而编制的会计报表；外部报告则是指企业向外提供的会计报表，主要供投资者、债权人、政府部门和社会公众等有关方面使用，本章以下所述的会计报表均指外部报告。

为了使财务会计报告能够最大限度地满足各有关方面的需要，充分发挥财务会计报告的作用，企业编制的财务会计报告应做到真实可靠、相关可比、全面完整、编报及时、便于理解。

第二节　资产负债表

一、资产负债表的概念和作用

资产负债表是反映企业某一特定日期(如月末、季末、年末等)财务状况的会计报表。它是根据“资产＝负债＋所有者权益”这一会计等式，依照一定的分类标准和顺序，将企业在一特定日期的全部资产、负债和所有者权益项目进行适当分类、汇总、排列后编制而成的。

资产负债表可以反映企业资产、负债和所有者权益的全貌。通过编制资产负债表，可以反映企业资产的构成及其状况，分析企业在某一日期所拥有的经济资源及其分布情况；可以反映企业某一日期的负债总额及其结构，分析企业目前与未来的需要支付的债务数额；可以反映企业所有者权益的情况，了解企业现有的投资者在企业资产总额中所占的份额；通过对资产负债表项目金额及其相关比率的分析，可以帮助报表使用者全面了解企业的财务状况，分析企业的债务偿还能力，从而为未来的经济决策提供信息。

二、资产负债表的内容和结构

根据《企业会计制度》的规定，我国企业的资产负债表采用账户式结构。

账户式资产负债表分左右两方，左方为资产项目，按资产的流动性大小排列：流动性大的资产如“货币资金”、“短期投资”等排在前面，流动性小的资产如“长期投资”、“固定资产”等则排在后面；右方为负债及所有者权益项目，一般按要求偿还的时间先后顺序排列，“短期借款”、“应付票据”等需要在一年以内或者长于一年的一个营业周期内偿还的流动负债排在前面，“长期借款”等在一年以上或者长于一年的一个营业周期以上才需偿还的长期负债排在中间，在企业清算之前不需要偿还的所有者权益项目排在后面。

账户式资产负债表中的资产各项目的合计等于负债和所有者权益各项目的合计，即资产负债表左方和右方平衡。因此，通过账户式资产负债表，可以反映资产、负债、所有者权益之间的内在关系，即“资产＝负债＋所有者权益”。

三、资产负债表的编制方法

(一)资产负债表编制的一般方法

(1) 有些项目根据总账科目余额直接填列，如“应收票据”项目根据“应收票据”总账科目的期末余额直接填列；有些项目根据几个总账科目的期末余额汇总计算填列，如“货币资金”项目需根据“现金”、“银行存款”、“其他货币资金”三个总账科目的期末余额的合计数填列。

(2) 根据明细账科目余额分析计算填列。如“应付账款”项目，需要根据“应付账款”和“预付账款”两个科目分别所属的相关明细科目的期末贷方余额计算填列。

(3) 根据总账科目和明细账科目余额分析计算填列。如“长期借款”项目，需要根据“长期借款”总账科目余额扣除“长期借款”科目所属的明细科目中将在一年内到期的长期借款部分分析计算填列。

(4) 根据科目余额减去其备抵项目后的净额填列。如“短期投资”项目，根据“短期投资”账户的期末余额，减去“短期投资跌价准备”备抵账户余额后的净额填列。

(二)资产负债表各项目的填列方法

资产负债表中“年初数”栏内各项目数字，应根据上年末资产负债表“期末数”栏内所列数字填列。如果本年度资产负债表规定的各个项目的名称和内容同上年度不相一致，应对上年年末资产负债表各项目的名称和数字按照本年度的规定进行调整，按调整后的数字填入本表“年初数”栏内。

报表中“期末数”是指某一会计期末的数字，即月末、季末、半年末或年末的数字，可以通过以下几种方式取得。

1. 资产项目的填列方法

(1)“货币资金”项目，反映企业库存现金、银行结算户存款、外埠存款、银行汇票存款、银行本票存款、信用卡存款、信用证保证金存款等的合计数。本项目应根据“现金”、“银行存款”、“其他货币资金”科目期末余额的合计数填列。

(2)“短期投资”项目，反映企业购入的各种随时可以变现，并准备随时变现，持有期间不超过一年(含一年)的股票、债券和基金，以及不超过一年(含一年)的其他投资，减去已提短期投资跌价准备后的净额。本项目应根据“短期投资”科目的期末余额，减去“短期投资跌价准备”科目的期末余额后的金额填列。

(3)“应收票据”项目，反映企业收到的未到期并且未向银行贴现的应收票据，包括商业承兑汇票和银行承兑汇票。本项目应根据“应收票据”科目的期末余额填列。已贴现的商业承兑汇票，应在会计报表附注中单独披露。

(4)“应收股利”项目，反映企业因股权投资而应收取的现金股利。企业应收其他单位的利润，也包括在本项目内。本项目应根据“应收股利”科目的期末余额填列。

(5)“应收利息”项目，反映企业因债权投资而应收取的利息。企业购入到期还本付息债券应收的利息，不包括在本项目内。本项目应根据“应收利息”科目的期末余额填列。

(6)“应收账款”项目，反映企业因销售商品、产品和提供劳务等应向购买单位收取的各种款项，减去已计提的坏账准备后的净额。本项目应根据“应收账款”和“预收账款”科目所属各明细科目的期末借方余额合计减去“坏账准备”科目中有关应收账款计提的坏账准备期末余额后的金额填列。如“应收账款”科目所属明细科目期末有贷方余额的，应在本表“预收账款”项目内填列。

(7)“其他应收款”项目，反映企业对其他单位和个人的应收和暂付款项，减去已计提的坏账准备后的净额。本项目应根据“其他应收款”科目的期末余额，减去“坏账准备”科目中有关其他应收款计提的坏账准备期末余额后的金额填列。

(8)“预付账款”项目，反映企业预付给供货单位或供应劳务单位的款项。本项目应根据“预付账款”和“应付账款”科目所属各明细科目的期末借方余额合计数填列。如“预付账款”科目所属各明细科目有期末贷方余额的，应在本表“应付账款”项目填列。

(9)“应收补贴款”项目，反映企业按规定应收的各种补贴款。本项目应根据“应收补贴款”科目的期末余额填列。

(10)“存货”项目，反映企业期末在库、在途和在加工中的各种存货的可变现净值。本项目应根据“物资采购”、“原材料”、“低值易耗品”、“自制半成品”、“库存商品”、“包装物”、“分期收款发出商品”、“委托加工物资”、“委托代销商品”、“生产成本”等科目的期末余额合计，减去“存货跌价准备”科目期末余额后的金额填列。

(11)“待摊费用”项目，反映企业已支出但应在以后各期分期摊销的费用。企业摊销期限在一年以上(不含一年)的其他待摊费用，应分别在本表的“长期待摊费用”项目反映，不包括在本项目内。本项目应根据“待摊费用”科目的期末余额填列。“预提费用”科目期末如有借方余额，以及“长期待摊费用”科目中将于一年内到期的部分，也应在本项目内反映。

(12)“其他流动资产”项目，反映企业除以上流动资产项目外的其他流动资产。本项目应根据有关科目的期末余额填列。如其他流动资产价值较大的，应在会计报表附注中披露其内容和金额。

(13)“长期股权投资”项目，反映企业不准备在一年内(含一年)变现的各种股权性质的投资的可收回金额。本项目应根据“长期股权投资”科目的期末余额填列。

(14)“长期债权投资”项目，反映企业不准备在一年内(含一年)变现的各种债权性质的投资的可收回金额。长期债权投资中，将于一年内到期的长期债权投资，应在流动资产类的“一年内到期的长期债权投资”项目单独反映。本项目应根据“长期债权投资”科目的期末余额减去一年内到期的长期债权投资后的数额填列。

(15)“固定资产原价”项目和“累计折旧”项目，反映企业的各种固定资产原价及累计折旧。这两个项目应根据“固定资产”科目和“累计折旧”科目的期末余额填列。

(16)“工程物资”项目，反映企业尚未使用的各项工程物资的实际成本。本项目应根据“工程物资”科目的期末余额填列。

(17)“在建工程”项目，反映企业期末各项未完工程的实际支出，包括交付安装的设备价值、未完建筑安装工程已经耗用的材料、工资和费用支出、预付出包工程的价款等的可收回金额。本项目应根据“在建工程”科目的期末余额填列。

(18)“固定资产清理”项目，反映企业因出售、毁损、报废等原因转入清理但尚未清理完毕的固定资产的净值，以及固定资产清理过程中所发生的清理费用和变价收入等各项金额的差额。本项目应根据“固定资产清理”科目的期末借方余额填列，如“固定资产清理”科目期末为贷方余额，以“－”号填列。

(19)“无形资产”项目，反映企业各项无形资产的期末可收回金额。本项目应根据“无形资产”科目的期末余额填列。

(20)“长期待摊费用”项目，反映企业尚未摊销的摊销期限在一年以上(不含一年)的各种费用。长期待摊费用中在一年内（含一年)摊销的部分，在本表“待摊费用”项目填列。本项目应根据“长期待摊费用”科目的期末余额减去将于一年内(含一年)摊销的数额后的金额填列。

(21)“其他长期资产”项目，反映企业除以上资产外的其他长期资产。本项目应根据有关科目(如“特准储备物质”等)的期末余额填列。

2. 负债项目的填列方法

(1)“短期借款”项目，反映企业借入尚未归还的一年期以下(含一年)的借款。本项目应根据“短期借款”科目的期末余额填列。

(2)“应付票据”项目，反映企业为了抵付货款等而开出、承兑的尚未到期付款的应付票据，包括银行承兑汇票和商业承兑汇票。本项目应根据“应付票据”科目的期末余额填列。

(3)“应付账款”项目，反映企业购买材料、商品或接受劳务供应等而应付给供应单位的款项。本项目应根据“应付账款”和“预付账款”科目所属各明细科目的期末贷方余额合计数填列；如“应付账款”科目所属明细科目期末有借方余额的，应在本表“预付账款”项目内填列。

(4)“预收账款”项目，反映企业预收购买单位的账款。本项目应根据“预收账款”和“应收账款”科目所属各明细科目的期末贷方余额合计数填列。如“预收账款”科目所属各明细科目期末有借方余额，应在本表“应收账款”项目内填列。

(5)“应付工资”项目，反映企业应付未付的职工工资。本项目应根据“应付工资”科目的期末贷方余额填列；如“应付工资”科目期末为借方余额，应以“－”号填列。

(6)“应付福利费”项目，反映企业提取的福利费的期末余额，以及外商投资企业在税后利润中提取的职工奖励及福利基金的期末余额。本项目应根据“应付福利费”科目的期末贷方余额填列。

(7)“应付股利”项目，反映企业尚未支付的现金股利。本项目应根据“应付股利”科目的期末余额填列。

(8)“应交税金”项目，反映企业期末未交、多交或未抵扣的各种税金。本项目应根据“应交税金”科目的期末贷方余额填列；如“应交税金”科目期末为借方余额，应以“－”号填列。

(9)“其他应交款”项目，反映企业应交未交的除应交税金等以外的各种款项。本项目应根据“其他应交款”科目的贷方余额填列；如“其他应交款”科目期末为借方余额，以“－”号填列。

(10)“其他应付款”项目，反映企业所有应付和暂收其他单位和个人的款项。本项目应根据“其他应付款”科目的期末余额填列。

(11)“预提费用”项目，反映已经预提计入成本费用等而尚未支付的各种费用。本项目应根据“预提费用”科目的期末贷方余额填列。如“预提费用”科目期末为借方余额，应合并在“待摊费用”项目内反映，不包括在本项目内。

(12)“其他流动负债”项目，反映企业除以上流动负债以外的其他流动负债。本项目应根据有关科目的期末余额填列。

(13)“长期借款”项目，反映企业借入尚未归还的一年期以上(不含一年)的借款本息。本项目应根据“长期借款”科目的期末余额填列。

(14)“应付债券”项目，反映企业发行的尚未偿还的各种长期债券的本息。本项目应根据“应付债券”科目的期末余额填列。

(15)“长期应付款”项目，反映企业除长期借款和应付债券以外的其他长期应付款。本项目应根据“长期应付款”科目的期末余额填列。

(16)“其他长期负债”项目，反映企业除以上长期负债项目以外的其他长期负债。本项目应根据有关科目(如“待转资产价值”等)的期末余额填列。

长期负债各项目中将于一年内(含一年)到期的长期负债，应在“一年内到期的长期负债”项目内单独反映。长期负债各项目均应根据有关科目期末余额减去将于一年内(含一年)到期偿还数后的余额填列。

3．所有者权益项目的填列方法

(1)“实收资本(或股本)”项目，反映企业各投资者实际投入的资本(或股本)总额。本项目应根据“实收资本”(或“股本”)科目的期末余额填列。

(2)“资本公积”项目，反映企业资本公积的期末余额。本项目应根据“资本公积”科目的期末余额填列。

(3)“盈余公积”项目，反映企业盈余公积的期末余额。本项目应根据“盈余公积”科目的期末余额填列。

(4)“未分配利润”项目，反映企业尚未分配的利润。本项目应根据“本年利润”科目和“利润分配”科目的余额计算填列。未弥补的亏损在本项目内以“－”号填列。

四、资产负债表的编制举例

(一)有关资料

某企业为增值税一般纳税人，其 2006 年各科目的期初余额和 2006 年度发生的经济业务如下。

2006 年 1 月 1 日有关科目余额如表 8-1 所示。

表8-1　2006年1月1日科目余额表　　单位：元

科目名称	借方余额	贷方余额	科目名称	借方余额	贷方余额
现金	17 800		短期借款		1 800 000
银行存款	4 420 000		应付票据		1 200 000
短期投资	90 000		应付账款		1 722 800
应收票据	1 476 000		其他应付款		1 300 000
应收账款	1 800 000		应付工资		600 000
坏账准备		5 400	应付福利费		60 000
预付账款	600 000		应交税金		180 000
其他应收款	30 000		其他应交款		39 600
原材料	10 160 000		预提费用		6 000
低值易耗品	1 500 000				
库存商品	3 820 000		长期借款		8 600 000
待摊费用	600 000				
长期投资	1 500 000		实收资本		29 000 000
固定资产	8 000 000		盈余公积		900 000
累计折旧		2 400 000			
在建工程	9 000 000				
无形资产	4 800 000				

该企业 2006 年度发生的经济业务如下。

(1) 用银行存款支付购入原材料货款 1 498 800 元，以及购入材料支付的增值税 254 796 元，材料已验收入库。

(2) 用银行存款支付到期的商业承兑汇票 600 000 元。

(3) 销售产品一批，销售价款 6 000 000 元，增值税为 1 020 000 元，该批产品已经发出，已收款项 4 914 000 元(其中货款 4 200 000 元，增值税 714 000

元)，余款尚未收取。该企业主营业务成本于期末一次结转。

(4) 企业将短期股票投资 90 000 元出售，所售价款 99 000 元已存入银行。

(5) 购入不需安装的设备一台，价款及增值税额共 1 500 000 元，另外支付包装费、运费 6000 元。全部款项均已用银行存款支付，设备已经交付使用。

(6) 某施工工程应交土地增值税 600 000 元；工程应负担长期借款利息费用 900 000 元，土地增值税和借款本息均未付。

(7) 基本生产车间报废设备一台，原价 1 200 000 元，已提折旧 1 080 000 元，清理费用 3 000 元，残值收入 4 800 元，均通过银行收支。该项固定资产已清理完毕。

(8) 用银行存款偿还长期借款 5 000 000 元。

(9) 企业一张面值为 1 200 000 元的不带息银行承兑汇到期，票款已收入企业银行账户。

(10) 某项长期投资采用成本法核算，本期收到股利 300 000 元(被投资企业所得税税率和本企业一致，均为 33%)，按《企业会计制度》规定计算，全部为被投资单位在接受本企业投资后产生的累积净利润的分配。股利已经存入企业银行账户。

(11) 出售不需用设备一台，收到价款 1 800 000 元，该设备原价 2 400 000 元，已提折旧 900 000 元。

(12) 提取应计入本期损益的借款利息 129 000 元，其中短期借款利息 69 000 元；长期借款利息 60 000 元。

(13) 分配应支付的职工工资 3 000 000 元，其中生产人员工资 1 650 000 元，车间管理人员工资 60 000 元；行政管理部门人员工资 90 000 元，在建工程应负担的工资 1 200 000 元。

(14) 提取职工福利费 420 000 元，其中生产工人福利费用 231 000 元，车间管理人员福利费 8 400 元，行政管理部门福利费 12 600 元，在建工程应负担的福利费 168 000 元。

(15) 通过银行支付工资 3 000 000 元。

(16) 归还短期借款本息 1 575 000 元(其中利息 75 000 元已预提)。

(17) 基本生产车间领用原材料 4 410 000 元，领用低值易耗品 315 000 元(采用一次摊销法摊销)。

(18) 计提固定资产折旧 600 000 元，其中计入制造费用 480 000 元，管理费用 120 000 元。

(19) 摊销无形资产 360 000 元；摊销印花税 60 000 元；摊销基本生产车间保险费 540 000 元(后两项已列入待摊费用)。

(20) 收到应收账款 306 000 元，存入银行。

(21) 根据实际情况，企业经过计算，决定当期增加提取 5 400 元坏账准备。

(22) 用银行存款支付产品展览费、广告费 420 000 元。

(23) 计算并结转本期完工产品成本 7 694 400 元(企业本期期初、期末均无在产品)。

(24) 企业采用商业承兑汇票结算方式销售产品一批，价款 1 500 000 元，增值税额为 255 000 元，收到 1 755 000 元的商业承兑汇票一张。

(25) 企业将上述承兑汇票到银行办理贴现，贴现息为 120 000 元。

(26) 本期主营业务应交纳的教育费附加为 12 000 元。

(27) 用银行存款交纳增值税 600 000 元；教育费附加 12 000 元。

(28) 结转本期主营业务成本 4 500 000 元。

(29) 将各收支科目结转本年利润。

(30) 计算并结转本期应交所得税(税率为 33%) 614 394 元。

(31) 提取法定盈余公积金 154 740.60 元。

(32) 将“本年利润”科目及利润分配各明细科目的余额转入“利润分配——未分配利润”明细科目。

(33) 从银行借入三年期借款 2 400 000 元，借款已存入企业银行账户。

(34) 用银行存款交纳所得税 271 400 元。

(二)编制会计分录

根据上述资料编制会计分录如下。

	科目	借方	贷方
(1)	借：原材料	1 498 800	
	应交税金——应交增值税(进项税额)	254 796	
	贷：银行存款		1 753 596
(2)	借：应付票据	600 000	
	贷：银行存款		600 000
(3)	借：银行存款	4 914 000	
	应收账款	2 106 000	
	贷：主营业务收入		6 000 000
	应交税金——应交增值税(销项税额)		1 020 000
(4)	借：银行存款	99 000	
	贷：短期投资		90 000
	投资收益		9 000
(5)	借：固定资产	1 506 000	
	贷：银行存款		1 506 000
(6)	借：在建工程	1 500 000	

贷：长期借款——应付利息 900 000

应交税金——应交土地增值税 600 000

(7) 借：固定资产清理 120 000

累计折旧 1 080 000

贷：固定资产 1 200 000

借：固定资产清理 3 000

贷：银行存款 3 000

借：银行存款 4 800

贷：固定资产清理 4 800

借：营业外支出——处理固定资产净损失 118 200

贷：固定资产清理 118 200

(8) 借：长期借款 5 000 000

贷：银行存款 5 000 000

(9) 借：银行存款 1 200 000

贷：应收票据 1 200 000

(10) 借：银行存款 300 000

贷：投资收益 300 000

(11) 借：固定资产清理 1 500 000

累计折旧 900 000

贷：固定资产 2 400 000

借：银行存款 1 800 000

贷：固定资产清理 1 800 000

借：固定资产清理 300 000

贷：营业外收入——处理固定资产净收益 300 000

(12) 借：财务费用 129 000

贷：预提费用 69 000

长期借款 60 000

(13) 借：生产成本 1 650 000

制造费用 60 000

管理费用 90 000

在建工程 1 200 000

贷：应付工资 3 000 000

(14) 借：生产成本 231 000

制造费用 8 400

管理费用 12 600

在建工程　　168 000
　　贷：应付福利费　　420 000
借：应付工资　　3 000 000
　　贷：银行存款　　3 000 000
(16) 借：短期借款　　1 500 000
　　预提费用　　75 000
　　贷：银行存款　　1 575 000
(17) 借：生产成本　　4 410 000
　　贷：原材料　　4 410 000
借：制造费用　　315 000
　　贷：低值易耗品　　315 000
(18) 借：制造费用——折旧费　　480 000
　　管理费用——折旧费　　120 000
　　贷：累计折旧　　600 000
(19) 借：管理费用——无形资产摊销　　360 000
　　贷：无形资产　　360 000
借：管理费用——印花税　　60 000
　　制造费用　　540 000
　　贷：待摊费用　　600 000
(20) 借：银行存款　　306 000
　　贷：应收账款　　306 000
(21) 借：管理费用——坏账损失　　5 400
　　贷：坏账准备　　5 400
(22) 借：营业费用　　420 000
　　贷：银行存款　　420 000
(23) 借：生产成本　　1 403 400
　　贷：制造费用　　1 403 400
借：库存商品　　7 694 400
　　贷：生产成本　　7 694 400
(24) 借：应收票据　　1 755 000
　　贷：主营业务收入　　1 500 000
　　　　应交税金——应交增值税(销项税额)　　255 000
(25) 借：财务费用　　120 000
　　银行存款　　1 635 000
　　贷：应收票据　　1 755 000

(26) 借：主营业务税金及附加 12 000
贷：其他应交款——应交教育费附加 12 000
(27) 借：应交税金——应交增值税(已交税金) 600 000
其他应交款——应交教育费附加 12 000
贷：银行存款 612 000
(28) 借：主营业务成本 4 500 000
贷：库存商品 4 500 000
(29) 借：主营业务收入 7 500 000
营业外收入 300 000
投资收益 309 000
贷：本年利润 8 109 000
借：本年利润 5 947 200
贷：主营业务成本 4 500 000
营业费用 420 000
主营业务税金及附加 12 000
管理费用 648 000
财务费用 249 000
营业外支出 118 200
(30) 本年应交所得税＝(8 109 000－5 947 200－300 000)×33%＝614 394(元)
借：所得税 614 394
贷：应交税金——应交所得税 614 394
借：本年利润 614 394
贷：所得税 614 394
(31) 本年应提法定盈余公积＝1 547 406 ×10%＝154 740.60 (元)
借：利润分配——提取法定盈余公积 154 740.60
贷：盈余公积——法定盈余公积 154740.60
(32) 借：利润分配——未分配利润 154 740.60
贷：利润分配——提取法定盈余公积 154 740.60
借：本年利润 1 547 406
贷：利润分配——未分配利润 1 547 406
(33) 借：银行存款 2 400 000
贷：长期借款 2 400 000
(34) 借：应交税金——应交所得税 271 400
贷：银行存款 271 400

(三)期末余额计算

根据以上资料，计算各有关科目期末余额如表 8-2 所示。

表8-2　2006年12月31日科目余额表　　单位：元

科目名称	借方余额	贷方余额	科目名称	借方余额	贷方余额
现金	17 800		短期借款		300 000
银行存款	2 337 804		应付票据		600 000
短期投资	0		应付账款		1 722 800
应收票据	276 000		其他应付款		1 300 000
应收账款	3 600 000		应付工资		600 000
坏账准备		10 800	应付福利费		480 000
预付账款	600 000		应交税金		1 543 198
其他应收款	30 000		其他应交款		39 600
原材料	7 248 800		预提费用		0
低值易耗品	1 185 000				
库存商品	7 014 400		长期借款		6 960 000
待摊费用	0				
长期投资	1 500 000		实收资本		29 000 000
固定资产	5 906 000		盈余公积		1 054740.60
累计折旧		1 020 000	未分配利润		1 392 665.40
在建工程	11 868 000				
无形资产	4 440 000				

(四)编制资产负债表

根据上述资料编制 2006 年末的资产负债表(简表)如表 8-3 所示。

表8-3　资产负债表

编制单位：某企业　　2006 年 12 月 31 日　　单位：元

资　产	行次	年初数	期末数	负债和所有者权益	行次	年初数	期末数
流动资产				流动负债			
货币资金		4 437 800	2 355 604	短期借款		1 800 000	300 000
短期投资		90 000		应付票据		1 200 000	600 000

续表

资　产	行次	年初数	期末数	负债和所有者权益	行次	年初数	期末数
应收票据		1 476 000	276 000	应付账款		1 722 800	1 722 800
应收账款		1 794 600	3 589 200	应付工资		600 000	600 000
其他应收款		30 000	30 000	应付福利费		60 000	480 000
预付账款		600 000	600 000	应交税金		180 000	1 543 198
存货		1 5480 000	15 448 200	其他应交款		39 600	39 600
待摊费用		600 000		其他应付款		1 300 000	1 300 000
流动资产合计		24 508 400	22 299 004	预提费用		6 000	
长期投资				一年内到期的长期负债		5 000 000	
长期投资		1 500 000	1 500 000	流动负债合计		11 908400	6 585 598
固定资产				长期负债			
固定资产原价		8 000 000	5 906 000	长期借款		3 600 000	6 960 000
减：累计折旧		2 400 000	1 020 000				
固定资产净值		5 600 000	4 886 000				
减：固定资产减值准备				负债合计		15 508 400	13 545 598
固定资产净额		5 600 000	4 886 000	所有者权益(或股东权益)			
在建工程		9 000 000	11 868 000	实收资本		29 000 000	29 000 000
固定资产合计		14 600 000	16 754 000	盈余公积		900 000	1 132 110.90
无形资产及其他资产				其中：法定公益金			77 370.30
无形资产		4 800 000	4 440 000	未分配利润			1315295.10
无形资产及其他资产合计		4 800 000	4 440 000	所有者权益合计		29 900 000	31 447 406
资产总计		45 408 400	44 993 004	负债及所有者权益总计		45 408 400	44 993 004

第三节 利 润 表

一、利润表的概念和作用

利润表又称损益表，是反映企业在一定会计期间经营成果的报表。利润既是企业经营业绩的综合体现，又是企业进行利润分配的主要依据。通过利润表可以从总体上了解企业收入、成本和费用及净利润(或亏损)的实现及构成情况；同时，通过利润表提供的不同时期的比较数字(本月数、本年累计数、上年数)，可以分析企业的获利能力及利润的未来发展趋势，了解投资者投入资本的保值增值情况。

二、利润表的格式和内容

利润表的格式主要有多步式利润表和单步式利润表两种。我国企业的利润表应采用多步式。多步式利润表的主要编制步骤和内容如下。

第一步，以主营业务收入为基础，减去主营业务成本、主营业务税金及附加，计算出主营业务利润；

第二步，以主营业务利润为基础，加上其他业务利润，减去营业费用、管理费用、财务费用，计算出营业利润；

第三步，以营业利润为基础，加上投资收益、补贴收入、营业外收入，减去营业外支出，计算出利润总额；

第四步，以利润总额为基础，减去所得税，计算出净利润(或亏损)。

三、利润表的编制方法

利润表一般都设有“本月数”和“本年累计数”两栏。

(一)利润表的一般编制方法

报表中“本月数”反映各项目的本月实际发生数，在编制月度报表时，应根据有关损益类账户的本月发生额分析填列；在编制中期报表中，应将“本月数”改为“上年同期数”，填列上年同期累计实际发生数；在编制年度报表时，应将“本月数”改为“上年数”，填列上年全年累计实际发生数。

报表中“本年累计数”，反映各项目自年初起至报告期末止的累计实际发生数。

(二)利润表各项目的具体填列方法

(1)“主营业务收入”项目，反映企业经营主要业务所取得的收入总额。本项目应根据“主营业务收入”科目的发生额分析填列。如果该科目借方记录有销售退回等，应抵减本期的销售收入，按其销售收入净额填列本项目。

(2)“主营业务成本”项目，反映企业销售商品和提供劳务等主要经营业务发生的实际成本。本项目应根据“主营业务成本”科目发生额分析填列。如果该科目贷方发生额登记有销售退回等事项，应抵减借方发生额，按已销产品的实际成本填列本项目。

(3)“主营业务税金及附加”项目，反映企业销售商品、提供劳务等主营业务应负担的消费税、营业税、城市维护建设税、资源税和教育费附加，但不包括增值税。本项目应根据“主营业务税金及附加”科目的发生额分析填列。

(4)“其他业务利润”项目，反映企业除主营业务以外的其他业务收入扣除其他业务成本及应负担的成本费用、税金及附加后的利润(如亏损应以“—”号填列)。本项目应根据“其他业务收入”和“其他业务支出”科目的发生额分析计算填列。

(5)“营业费用”项目，反映企业在销售商品和提供劳务等主要经营业务过程中所发生的各项销售费用以及商品流通企业在购入商品等过程中发生的费用。本项目应根据“营业费用”科目的发生额分析填列。

(6)“管理费用”、“财务费用”项目，反映企业本期发生的管理费用和财务费用。本项目应分别根据“管理费用”、“财务费用”科目的发生额分析填列。

(7)“投资收益”项目，反映企业以各种方式对外投资所取得的收益。本项目应根据“投资收益”科目的发生额分析填列。如果为投资净损失，本项目用“—”号填列。

(8)“补贴收入”项目，反映企业取得的各种补贴收入以及退回的增值税等。本项目应根据“补贴收入”科目发生额分析填列。

(9)“营业外收入”项目和“营业外支出”项目，反映企业发生的与生产经营无直接关系的各项收入和支出。这两个项目分别根据“营业外收入”和“营业外支出”科目的发生额分析填列。

(10)“利润总额”项目，反映企业实现的利润。如为亏损，本项目以“—”号填列。

(11)“所得税”项目，反映企业从当期损益中扣除的所得税。本项目应根据“所得税”科目的余额分析填列。

(12)“净利润”项目，反映企业实现的利润。如为亏损，本项目以“—”号填列。

四、利润表的编制举例

(一)有关资料

根据本章第二节中的资产负债表编制例题的资料，某企业 2006 年度利润表科目本年累计发生额资料如表 8-4 所示。

表8-4　2006年度利润表科目本年累计发生额　　单位：元

科目名称	借方发生额	科目名称	借方发生额
主营业务收入	7 500 000	主营业务成本	4 500 000
投资收益	309 000	主营业务税金及附加	12 000
营业外收入	300 000	营业费用	420 000
		管理费用	648 000
		财务费用	249 000
		营业外支出	118 200
		所得税	614 394

(二)利润表的编制

根据上述资料编制该企业 2006 年度利润表如表 8-5 所示。

表8-5　利润表

编制单位：某企业　　2006 年度　　单位：元

项　目	行次	上年数(略)	本年累计数
一、主营业务收入			7 500 000
减：主营业务成本			4 500 000
主营业务税金及附加			12 000
二、主营业务利润			2 988 000
加：其他业务利润			
减：营业费用			420 000
管理费用			648 000
财务费用			249 000

续表

项　目	行次	上年数(略)	本年累计数
三、营业利润			1 671 000
加：投资收益			309 000
营业外收入			300 000
减：营业外支出			118 200
四、利润总额			2 161 800
减：所得税			614 394
五、净利润			1 547 406

五、利润分配表

利润分配表是反映企业一定会计期间对实现净利润以及以前年度未分配利润的分配或者亏损弥补的报表。该表是利润表的附表，说明利润表上反映的净利润的分配情况(或净亏损的弥补情况)。通过利润分配表，可以分析企业利润分配的构成是否合理，对企业的利润分配政策作出客观的评价。

(一)利润分配表的内容和结构

我国企业的利润分配表采用多步式结构，反映净利润的分配过程及其结果。利润分配表各项目一般分别设立“本年实际”和“上年实际”两栏。其基本格式在后面的利润分配表的编制举例中给出。

(二)利润分配表的编制方法

按照利润分配表的格式内容，各栏目的填列方法如下。

1.　“上年实际”栏的填列方法

“上年实际”栏根据上年利润分配表中“本年实际”栏所填列的数据填列。

2.　“本年实际”栏各项目的填列方法

报表中的“本年实际”栏，应根据“本年利润”和“利润分配”科目及其所属明细科目的记录分析填列。

(1)“净利润”项目，反映企业实现的净利润。如为净亏损，以“－”号填列。本项目的数字应与利润表“本年累计数”栏的“净利润”项目一致。

(2)“年初未分配利润”项目，反映企业年初未分配的利润，如为未弥补的亏损，以“－”号填列。

(3)“其他转入”项目，反映企业按规定用盈余公积弥补亏损等转入的数额。

(4)“提取法定盈余公积”项目和“提取法定公益金”项目，分别反映企业按照规定提取的法定盈余公积和法定公益金。

(5)“提取职工奖励及福利基金”、“提取储备基金”和“提取企业发展基金”项目，分别反映外商投资企业按照规定提取的职工奖励及福利基金、储备基金和企业发展基金。

(6)“利润归还投资”项目，反映中外合作经营企业按规定在合作期间以利润归还投资者的投资。

(7)“应付优先股股利”项目，反映企业应分配给优先股股东的现金股利。

(8)“提取任意盈余公积”项目，反映企业提取的任意盈余公积。

(9)“应付普通股股利”项目，反映企业应分配给普通股股东的现金股利或分配给投资者的利润。

(10)“转作资本(或股本)的普通股股利”项目，反映企业分配给普通股股东的股票股利或以利润转增的资本。

(11)“未分配利润”项目，反映企业年末尚未分配的利润。如为未弥补的亏损，以“－”号填列。

(三)利润分配表的编制举例

资料：根据上述利润表编制实例的资料，某企业2006年度“利润分配”科目及其明细科目的本年累计发生额及年初、年末余额如表8-6所示。

表8-6 2006年度“利润分配”科目及其明细科目资料 单位：元

科目名称	年初余额	借方发生额	贷方发生额	年末余额
利润分配总账	0	464 221.80	1 779 516.90	1 315 295.10
其中：盈余公积转入	0	0	0	0
提取法定盈余公积	0	154 740.60	154 740.60	0
提取法定公益金	0	77 370.30	77 370.30	0
应付利润	0	0	0	0
未分配利润	0	232 110.90	1 547 406	1 315 295.10

根据上述资料，编制该企业2006年度的利润分配表如表8-7所示。

表8-7 利润分配表

编制单位：某企业 2006年度 单位：元

项 目	行次	本年实际	上年实际
一、净利润		1 547 406	
加：年初未分配利润			
其他转入			

续表

项　　目	行次	本年实际	上年实际
二、可供分配的利润		1 547 406	
减：提取法定盈余公积		154 740.60	
提取法定公益金		77 370.30	
提取职工奖励及福利基金			
提取储备基金			
提取企业发展基金			
利润归还投资			
三、可供投资者分配的利润		1 315 295.10	
减：应付优先股股利			
提取任意盈余公积			
应付普通股股利			
转作资本(股本)的普通股股利			
四、未分配利润		1 315 295.10	

第四节　现金流量表

一、现金流量表的概念

现金流量表是反映企业在一定会计期间现金和现金等价物流入和流出的报表。其中，现金是指企业的库存现金、可以随时用于支付的存款；现金等价物是指企业持有的期限短(一般指从购买日起三个月内到期)、流动性强、易于转换为已知金额现金、价值变动风险很小的投资。比如企业购买的、从购买日起三个月或更短时间内即可到期或即可转换为现金的短期债券投资就是现金等价物。

二、现金流量的分类

现金流量是指一定会计期间企业现金和现金等价物的流入和流出，可以分为三类，即经营活动产生的现金流量、投资活动产生的现金流量和筹资活动产生的现金流量。

(一)经营活动产生的现金流量

经营活动是指企业投资活动和筹资活动以外的所有交易和事项，包括销售商品或提供劳务、购买商品或接受劳务、收到返还的税费、经营性租赁、支付工资、支付广告费用、交纳各项税款等。通过经营活动产生的现金流量，可以说明企业的经营活动对现金流入和流出的影响程度，判断企业在不动用对外筹得资金的情况下，是否足以维持生产经营、偿还债务、支付股利和对外投资等。

(二)投资活动产生的现金流量

投资活动是指企业长期资产的购建和不包括在现金等价物范围内的投资及其处置活动。现金流量表中的“投资”既包括对外投资，又包括长期资产的购建与处置。投资活动包括取得和收回投资、购建和处置固定资产、购买和处置无形资产等。通过投资活动产生的现金流量，可以判断投资活动对企业现金流量净额的影响程度。

(三)筹资活动产生的现金流量

筹资活动是指导致企业资本及债务规模和构成发生变化的活动。筹资活动包括发行股票或接受投入资本、分派现金股利、取得和偿还银行借款、发行和偿还公司债券等。通过分析筹资活动产生的现金流量，可以判断企业通过筹资活动获取现金的能力，判断筹资活动对企业现金流量净额的影响程度。

三、现金流量表的内容和结构

我国企业的现金流量表包括正表和补充资料两部分。

(一)现金流量表正表

正表是现金流量表的主体，企业一定会计期间现金流量的信息主要由正表提供。正表采用报告式的结构，按照现金流量的性质，可分为反映经营活动产生的现金流量、投资活动产生的现金流量和筹资活动产生的现金流量，最后汇总反映企业现金及现金等价物净增加额。在有外币现金流量及境外子公司的现金流量折算为人民币的企业，正表中还应单设“汇率变动对现金的影响”项目，以反映企业外币现金流量及境外子公司的现金流量折算为人民币时，所采用的现金流量发生日的汇率或平均汇率折算的人民币金额与“现金及现金等价物净增加额”中外币现金净增加额按期末汇率折算的人民币金额之间的差额。

(二)现金流量表补充资料

补充资料包括三部分内容：①将净利润调节为经营活动的现金流量(即按间接

法编制的经营活动现金流量)；②不涉及现金收支的投资和筹资活动；③现金及现金等价物净增加情况。

四、现金流量表的填列方法

(一)“经营活动产生的现金流量”各项目的内容和填列方法

经营活动产生的现金流量的填列方法有两种：一是直接法；二是间接法。

现金流量表正表中经营活动的现金流量应以直接法来填列。直接法是通过现金收入和现金支出的主要类别直接反映来自企业经营活动的现金流量的一种填列方法。它一般以利润表的本期营业收入为起点，调整与经营活动有关项目的增减变动，然后计算出经营活动的现金流量。

现金流量表的补充资料中经营活动的现金流量应以间接法来填列，以和正表核对和补充说明。间接法是以本期净利润为起点，通过调整不涉及现金的收入、费用、营业外收支以及经营性应收应付等项目的增减变动，调整不属于经营活动的现金收支项目，据此计算出经营活动的现金流量。

下面分别说明现金流量表正表中“经营活动产生的现金流量”各项目的内容及填列方法。

1. “销售商品、提供劳务收到的现金”项目

“销售商品、提供劳务收到的现金”项目反映企业销售商品、提供劳务实际收到的现金(含销售收入和应向购买者收取的增值税额)，包括本期销售商品、提供劳务收到的现金，以及前期销售商品、提供劳务本期收到的现金和本期预收的账款，减去本期销售本期退回的商品和前期销售本期退回的商品而支付的现金。企业销售材料和代购代销业务收到的现金，也在本项目反映。本项目可以根据“现金”、“银行存款”、“应收账款”、“应收票据”、“预收账款”、“主营业务收入”、“其他业务收入”等科目的记录分析填列。

根据账户记录分析计算该项目的金额，通常可以采用以下公式：

销售商品、提供劳务收到的现金＝当期销售商品、提供劳务收到的现金＋当期收到前期的应收账款和应收票据＋当期预收的账款－当期销售退回而支付的现金＋当期收回前期核销的坏账

2. “收到的税费返还”项目

“收到的税费返还”项目反映企业收到返还的各种税费，包括收到返还的增值税、消费税、营业税、关税、所得税、教育费附加等。本项目可根据“现金”、“银行存款”、“主营业务税金及附加”、“补贴收入”、“应收补贴款”等科目的记录分析填列。

3. “收到的其他与经营活动有关的现金”项目

“收到的其他与经营活动有关的现金”项目反映企业除了上述各项目以外所收到的其他与经营活动有关的现金流入，如罚款收入、流动资产损失中由个人赔偿的现金收入等。本项目可以根据“现金”、“银行存款”、“营业外收入”等科目的记录分析填列。

4. “购买商品、接受劳务支付的现金”项目

“购买商品、接受劳务支付的现金”项目反映企业购买商品、接受劳务实际支付的现金，包括本期购买材料、商品、接受劳务支付的现金(包括增值税进项税额)本期支付前期购入商品、接受劳务的未付款以及本期预付账款，扣除本期发生的购货退回而收到的现金。本项目可根据“现金”、“银行存款”、“应付账款”、“应付票据”、“预付账款”、“主营业务成本”等科目的记录分析填列。

根据账户记录分析计算该项目的金额，通常可以采用以下公式。

购买商品接受劳务支付的现金 = 当期购买商品接受劳务支付的现金 + 当期支付前期的应付账款和应付票据 + 当期预付的账款 − 当期因购货退回收到的现金

5. “支付给职工以及为职工支付的现金”项目

“支付给职工以及为职工支付的现金”项目反映企业实际支付给职工，以及为职工支付的现金，包括本期实际支付给职工的工资、奖金、各种津贴和补贴等，以及为职工支付的其他费用。不包括支付的离退休人员的各项费用和支付给在建工程人员的工资等。支付的离退休人员的各项费用，包括支付的统筹退休金以及未参加统筹的退休人员的费用，在“支付的其他与经营活动有关的现金”项目中反映；支付的在建工程人员的工资，在“购建固定资产、无形资产和其他长期资产所支付的现金”项目中反映。本项目可根据“现金”、“银行存款”、“应付工资”等科目的记录分析填列。

企业为职工支付的养老、失业等社会保险基金、补充养老保险、住房公积金；支付给职工的住房困难补助；支付给职工或为职工支付的其他福利费用等，应根据职工的工作性质和服务对象，分别在“购建固定资产、无形资产和其他长期资产所支付的现金”和本项目中反映。

6. “支付的各项税费”项目

“支付的各项税费”项目反映小企业按规定支付的各项税费，包括本期发生并支付的税费，以及本期支付以前各期发生的税费和预交的税金，如支付的教育费附加、矿产资源补偿费、印花税、房产税、土地增值税、车船使用税、预交的营业税等。不包括计入固定资产价值、实际支付的耕地占用税等，也不包括因多计等原因本期退回的各项税费。本项目可根据“现金”、“银行存款”、“应交税金”等科目的记录分析填列。

7.“支付的其他与经营活动有关的现金”项目

“支付的其他与经营活动有关的现金”项目反映小企业除上述各项目外支付的其他与经营活动有关的现金，如罚款支出、支付的差旅费、业务招待费、保险费等。本项目可根据有关科目的记录分析填列。

（二）“投资活动产生的现金流量”各项目内容和填列方法

现金流量中的投资活动包括短期投资和长期投资的取得与处置、固定资产的购建与处置、无形资产的购置与转让等。单独反映投资活动产生的现金流量，能了解企业为获得未来收益和现金流量而导致对外投资或内部长期资产投资的程度，以及以前对外投资所带来的现金流入的信息。

1. “收回投资所收到的现金”项目

“收回投资所收到的现金”项目反映企业出售、转让或到期收回除现金等价物以外的短期投资、长期股权投资而收到的现金，以及收回长期债权投资本金而收到的现金。不包括长期债权投资收回的利息，以及收回的非现金资产。本项目可根据“现金”、“银行存款”、“短期投资”、“长期股权投资”等科目的记录分析填列。

2. “取得投资收益所收到的现金”项目

“取得投资收益所收到的现金”项目反映小企业因股权性投资而分得的现金股利，以及因债权性投资而取得的现金利息收入，股票股利不在本项目中反映，包括在现金等价物范围内的债券性投资，其利息收入在本项目中反映。本项目可根据“现金”、“银行存款”、“投资收益”等科目的记录分析填列。

3. “处置固定资产、无形资产和其他长期资产所收到的现金净额”项目

“处置固定资产、无形资产和其他长期资产所收到的现金净额”项目反映企业处置固定资产、无形资产和其他长期资产所取得的现金，减去为处置这些资产而支付的有关费用后的净额。由于自然灾害所造成的固定资产等长期资产损失而收回的保险赔偿收入，也在本项目中反映。如收回的现金净额为负数，则应在“支付的其他与投资活动有关的现金”项目反映。本项目可根据“现金”、“银行存款”、“固定资产清理”等科目的记录分析填列。

4. “收到的其他与投资活动有关的现金”项目

“收到的其他与投资活动有关的现金”项目反映企业除上述各项目外，收到的其他与投资活动有关的现金。如小企业收回购买股票和债券的支付的已宣告但尚未领取的现金股利或已到付息期但尚未领取的债券的利息。其他现金流入如价值较大的，应单列项目反映。本项目可根据有关科目的记录分析填列。

5. “购建固定资产、无形资产和其他长期资产所支付的现金”项目

“购建固定资产、无形资产和其他长期资产所支付的现金”项目反映企业购

买、建造固定资产，取得无形资产和其他长期资产所支付的现金，包括购买机器设备所支付的现金及增值税款、建造工程支付的现金、支付在建工程人员的工资等现金支出，不包括为购建固定资产而发生的借款利息资本化部分，以及融资租入固定资产所支付的租赁费。为购建固定资产而发生的借款利息资本化部分，以及融资租入固定资产所支付的租赁费，应在“筹资活动产生的现金流量——支付的其他与筹资活动有关的现金”项目中反映，不在本项目中反映。本项目可根据“现金”、“银行存款”、“固定资产”、“无形资产”、“在建工程”等科目的记录分析填列。

6. “投资所支付的现金”项目

“投资所支付的现金”项目反映小企业进行权益性投资和债权性投资所支付的现金，包括小企业取得的除现金等价物以外的短期股票投资、短期债券投资、长期股权投资、长期债权投资支付的现金，以及支付的佣金、手续费等附加费用。小企业购买债券的价款中含有债券利息的，以及溢价或折价购入的，均按实际支付的金额反映。本项目可根据“现金”、“银行存款”、“长期股权投资”、“长期债权投资”、“短期投资”等科目的记录分析填列。

7. “支付的其他与投资活动有关的现金”项目

“支付的其他与投资活动有关的现金”项目反映小企业除上述各项目外，支付的其他与投资活动有关的现金，如小企业购买股票实际支付的价款中包含的已宣布而尚未领取的现金股利，购买债券时支付的价款中包含的已到期尚未领取的利息等。其他现金流出如价值较大的，应单列项目反映。本项目可根据有关科目的记录分析填列。

（三）“筹资活动产生的现金流量”各项目的内容和填列方法

现金流量表中的筹资活动包括包括权益性投资的吸收与减少、银行借款的借入与偿还等。单独反映筹资活动产生的现金流量，能了解企业筹资活动产生现金流量的规模与能力，以及企业为获得现金流入而付出的代价。

1. “吸收投资所收到的现金”项目

“吸收投资所收到的现金”项目反映企业收到的投资者投入的现金，包括以发行股票、债券等方式筹集资金实际收到的款项净额(发行收入减去支付的非现金等发行费用后的净额)。企业以发行股票、债券等方式筹集资金而由企业直接支付的审计、咨询等费用，不从本项目内扣除，而在“支付的其他与筹资活动有关的现金”项目反映。本项目可以根据“实收资本(或股本)”、“现金”、“银行存款”等科目的记录分析填列。

2. “取得借款所收到的现金”项目

“取得借款所收到的现金”项目反映企业举借各种短期、长期借款而收到的现金。本项目可根据“现金”、“银行存款”、“短期借款”、“长期借款”等科目的记录分析填列。

3.“收到的其他与筹资活动有关的现金”项目

“收到的其他与筹资活动有关的现金”项目反映企业除上述各项目外，收到的其他与筹资活动有关的现金，如接受现金捐赠等。本项目可根据有关科目的记录分析填列。

4.“偿还债务所支付的现金”项目

“偿还债务所支付的现金”项目反映企业以现金偿还债务的本金，包括偿还金融企业的借款本金。企业偿还的借款利息，在“分配股利、利润或偿付利息所支付的现金”项目中反映，不在本项目中反映。本项目可根据“现金”、“银行存款”、“短期借款”、“长期借款”等科目的记录分析填列。

5.“分配股利、利润或偿付利息所支付现金”项目

“分配股利、利润或偿付利息所支付现金”项目反映企业实际支付的现金股利、支付给其他投资单位的利润或有现金支付的借款利息。本项目可根据“现金”、“银行存款”、“应付利润”、“财务费用”、“长期借款”等科目的记录分析填列

6.“支付的其他与筹资活动有关的现金”项目

“支付的其他与筹资活动有关的现金”项目反映企业除上述各项目外，支付的其他与筹资活动有关的现金。如捐赠现金支出、融资租入固定资产支付的租赁费等。其他现金流出如价值较大的，应单列项目反映。本项目可根据有关科目的记录分析填列。

(四)“汇率变动对现金的影响”项目的内容和填列方法

“汇率变动对现金的影响”项目的内容和填列方法反映企业外币现金流量折算为人民币时，所采用的现金流量发生的汇率或平均汇率折算为人民币金额与“现金及现金等价物净增加额”中外币现金净增加额按期末汇率折算为人民币金额之间的差额。

在编制现金流量表时，对当期发生的外币业务，可逐笔也可不必逐笔计算汇率变动对现金的影响。可以通过会计报表附注中“现金及现金等价物净增加额”数额与报表中“经营活动产生的现金流量净额”、“投资活动产生的现金流量净额”、“筹资活动产生的现金流量净额”三项之和比较，其差额即为“汇率变动对现金的影响”。

(五)补充资料各项目的内容和填列方法

1.“将净利润调节为经营活动的现金流量”项目

利润表反映的当期净利润是按权责发生制原则确认和计量的，而经营活动的

现金流量净额是按收付实现制原则确认和计量的；而且当期净利润既包括经营净损益，又包括不属于经营活动的损益。因此，采用间接法将净利润调节为经营活动的现金流量净额时，主要需要调整四大类项目：①实际没有支付现金的费用；②实际没有收到现金的收益；③不属于经营活动的损益；④经营性应收应付项目的增减变动。

(1) 计提的资产减值准备。

计提的资产减值准备项目反映企业当期实际计提的各项资产减值准备。本项目可以根据“管理费用”、“投资收益”、“营业外支出”等科目的记录分析填列。

(2) 固定资产折旧。

固定资产折旧项目反映企业本期累计计提的固定资产折旧。本项目可根据“累计折旧”科目的贷方发生额分析填列。

(3) “无形资产摊销”和“长期待摊费用摊销”。

“无形资产摊销”和“长期待摊费用摊销”两个项目分别反映企业本期累计摊入成本费用的无形资产价值及长期待摊费用。这两个项目可以根据“无形资产”、“长期待摊费用”科目的贷方发生额分析填列。

(4) 待摊费用减少(减：增加)。

待摊费用减少项目反映企业本期待摊费用的减少。本项目通常可以根据资产负债表“待摊费用”项目的期初、期末余额的差额填列；期末数大于期初数的差额，以“-”号填列。

(5) 预提费用增加(减：减少)。

预提费用增加项目反映企业本期预提费用的增加。本项目通常可以根据资产负债表“预提费用”项目的期初、期末余额的差额填列；期末数小于期初数的差额，以“-”号填列。

(6) 处置固定资产、无形资产和其他长期资产的损失(减：收益)。

处置固定资产、无形资产和其他长期资产的损失项目反映企业本期处置固定资产、无形资产和其他长期资产发生的净损失(或净收益)。如为净收益，以“-”号填列。本项目可根据“营业外支出”、“营业外收入”等科目所属的有关明细科目的记录分析填列。

(7) 固定资产报废损失。

固定资产报废损失项目反映企业本期发生的固定资产盘亏(减盘盈)后的净损失。该项目可根据“营业外支出”和“营业外收入”科目所属的有关明细科目中固定资产盘亏损失减去固定资产盘盈收益后的差额填列。

(8) 财务费用。

财务费用项目反映企业本期实际发生的应属于投资活动或筹资活动的财务费

用。本项目属于投资活动、筹资活动的部分，在计算净利润时已扣除，但这部分发生的现金流出不属于经营活动现金流量的范畴，所以，在将净利润调节为经营活动的现金流量时，需要予以加回。本项目可以根据“财务费用”科目的本期借方发生额分析填列；如为收益，以“－”号填列。

(9) 投资损失(减：收益)。

投资损失项目反映企业对外投资所实际发生的投资损失减去收益后的净损失。本项目可以根据利润表“投资收益”项目的数字填列；如为投资收益，以“－”号填列。

(10) 递延税款贷项(减：借项)。

递延税款贷项项目反映企业本期实际发生的递延税款的净增加或净减少。在调整净利润时，若递延税款项项目年末、年初余额的差额为贷方增加或借方减少，应加回到净利润中；若递延税款项项目的年末、年初余额的差额为贷方减少或借方增加，应从净利润中减去。本项目可以根据资产负债表“递延税款借项”、“递延税款贷项”项目的期初、期末余额的差额填列。“递延税款借项”的期末数小于期初数的差额，以及“递延税款贷项”的期末数大于期初数的差额，以正数填列。“递延税款借项”的期末数大于期初数的差额，以及“递延税款贷项”的期末数小于期初数的差额，以“－”号填列。

(11) 存货的减少(减：增加)。

存货的减少项目反映企业本期存货的减少(减：增加)。本项目可以根据资产负债表“存货”项目的期初、期末余额的差额填列；期末数大于期初数的差额，以“－”号填列。

(12) 经营性应收项目的减少(减：增加)。

经营性应收项目的减少项目反映企业本期经营性应收项目的减少(减：增加)。经营性应收项目主要是指应收账款、应收票据和其他应收款中与经营活动有关的部分及应收的增值税销项税额等。本项目可以根据资产负债表“应收账款”、“应收票据”、“其他应收款”等项目的期初、期末余额的差额分析填列；期末数大于期初数的差额，以“－”号填列。

(13) 经营性应付项目的增加(减：减少)。

经营性应付项目的增加项目反映企业本期经营性应付项目的增加(减：减少)。经营性应付项目主要是指应付账款、应付票据、应付工资、应付福利费、应交税金、其他应付款、其他应交款中与经营活动有关的部分 以及应付的增值税进项税额等。本项目可以根据资产负债表“应付账款”、“应付票据”、“应付工资”、“应付福利费”、“应交税金”、“其他应付款”、“其他应交款”等项目的期初、期末余额的差额分析填列；期末数小于期初数的差额，以“－”号填列。

2.“不涉及现金收支的投资和筹资活动”项目

“不涉及现金收支的投资和筹资活动”项目反映企业一定会计期间影响资产、负债但不影响该期现金收支的所有投资和筹资活动的信息。这些投资和筹资活动是企业的重大理财活动，对以后各期的现金流量会产生重大影响，因此，应单列项目在补充资料中反映。

目前，我国企业现金流量表补充资料中列示的不涉及现金收支的投资和筹资活动项目主要有以下项目。

①“债务转为资本”项目，反映企业本期转为资本的债务金额。

②“一年内到期的可转换公司债券”项目，反映企业一年内到期的可转换公司债券的本息。

③“融资租入固定资产”项目，反映企业本期融资租入固定资产计入“长期应付款”科目的金额。

3.“现金及现金等价物净增加额”项目

“现金及现金等价物净增加额”项目反映企业一定会计期间现金及现金等价物的期末余额减去期初余额后的净增加额(或净减少额)，是对现金流量表正表中“现金及现金等价物净增加额”项目的补充说明。该项目的金额应与正表中最后一项“现金及现金等价物净增加额”项目的金额核对相符。

五、现金流量表的编制

具体编制现金流量表时，企业可以根据业务量的大小及复杂程度，采用工作底稿法、T 形账户法，或直接根据有关科目的记录分析填列，其基本格式如表 8-8 所示。常见方法有以下几种。

(1) 工作底稿法。

采用工作底稿法编制现金流量表，就是以工作底稿为手段，以利润表和资产负债表数据为基础，对每一项目进行分析并编制调整分录，从而编制出现金流量表。

(2) T 形账户法。

采用 T 形账户法，就是以 T 形账户为手段，以利润和资产负债表数据为基础，对每一项目进行分析并编制调整分录，从而编制出现金流量表。

(3) 分析填列法。

分析填列法是直接根据资产负债表、利润表和有关明细账的记录，分析计算出现金流量表中各项目的金额，并据以编制现金流量表的一种方法。

表8-8 现金流量表

编制单位：　　　　　　　　　年　　度　　　　　　　　　单位：元

项　　目	行次	金额
一、经营活动产生的现金流量		
销售商品、提供劳务收到的现金	1	
收到的税费返还	3	
收到的其他与经营活动有关的现金	8	
现金流入小计	9	
购买商品、接受劳务支付的现金	10	
支付给职工以及为职工支付的现金	12	
支付的各项税费	13	
支付的其他与经营活动有关的现金	18	
现金流出小计	20	
经营活动产生的现金流量净额	21	
二、投资活动产生的现金流量		
收回投资所收到的现金	22	
取得投资收益所收到的现金	23	
处置固定资产、无形资产和其他长期资产所收回的现金净额	25	
收到的其他与投资活动有关的现金	28	
现金流入小计	29	
购建固定资产、无形资产和其他长期资产所支付的现金	30	
投资所支付的现金	31	
支付的其他与投资活动有关的现金	35	
现金流出小计	36	
投资活动产生的现金流量净额	37	
三、筹资活动产生的现金流量		
吸收投资所收到的现金	38	
取得借款所收到的现金	40	
收到的其他与筹资活动有关的现金	43	
现金流入小计	44	
偿还债务所支付的现金	45	
分配股利、利润和偿付利息所支付的现金	46	

续表

项目	行次	金额
支付的其他与筹资活动有关的现金	52	
现金流出小计	53	
筹资活动产生的现金流量净额	54	
四、汇率变动对现金的影响额	55	
五、现金及现金等价物净增加额	56	
补充资料	行次	金额
1.将净利润调节为经营活动现金流量		
净利润	57	
加：计提的资产减值准备	58	
固定资产折旧	59	
无形资产摊销	60	
长期待摊费用摊销	61	
待摊费用减少(减：增加)	64	
预提费用增加(减：减少)	65	
处置固定资产、无形资产和其他长期资产的损失(减：收益)	66	
固定资产报废损失	67	
财务费用	68	
投资损失(减：收益)	69	
递延税款贷项(减：借项)	70	
存货的减少(减：增加)	71	
经营性应收项目的减少(减：增加)	72	
经营性应付项目的增加(减：减少)	73	
其他	74	
经营活动产生的现金流量净额	75	
2.不涉及现金收支的投资和筹资活动		
债务转为资本	76	
一年内到期的可转换公司债券	77	
融资租入固定资产	78	
3. 现金及现金等价物净增加情况		
现金的期末余额	79	
减：现金的期初余额	80	
加：现金等价物的期末余额	81	
减：现金等价物的期初余额	82	
现金及现金等价物净增加额	83	

本章小结

财务会计报告是企业对外提供的反映企业某一特定日期财务状况和某一会计期间经营成果、现金流量的文件。编制财务会计报告的主要目的，是为帮助财务会计报告使用者进行经济决策提供会计信息。财务会计报告包括会计报表、会计报表附注和财务情况说明书。会计报表是财务会计报告的主体和核心，包括资产负债表、利润表、现金流量表及相关附表。资产负债表是反映企业某一特定日期(如月末、季末、年末等)财务状况的会计报表。它可以反映企业资产、负债和所有者权益的整体情况。利润表是反映企业在一定会计期间经营成果的报表。现金流量表是反映企业在一定会计期间现金和现金等价物流入和流出的报表。

复习思考题

一、问答题

1. 什么是财务会计报告？财务会计报告包括哪些内容？财务会计报告如何分类？
2. 财务会计报告的编制要求有哪些？
3. 什么是资产负债表？资产负债表编制依据是什么？资产负债表作用有哪些？
4. 我国企业的资产负债表采用什么格式？其主要内容是什么？
5. 什么是利润表？利润表有什么作用？
6. 我国企业的利润表采用什么格式？它的主要内容是什么？

二、实训题

实训 1

目的：练习资产负债表的编制方法。

资料：

(1) 甲公司 2005 年 12 月 31 日有关总分类账户的期末余额如下表所示。

账户名称	期末余额		账户名称	期末余额	
	借方	贷方		借方	贷方
现金	3 000		固定资产	5 800 000	
银行存款	750 000		累计折旧		1 164 500
其他货币资金	350 000		工程物资	80 000	
短期投资	80 000		在建工程	360 000	
短期投资跌价准备		16 000	无形资产	250 000	

续表

账户名称	期末余额		账户名称	期末余额	
	借方	贷方		借方	贷方
应收票据	85 000		长期待摊费用	75 000	
应收账款	700 000		短期借款		200 000
坏账准备		3 500	应付票据		120 000
预付账款	100 000		应付账款		350 000
其他应收款	5 000		预收账款		60 000
物资采购	450 000		其他应付款		2 000
原材料	500 000		应付工资		3 000
包装物	150 000		应付福利费		15 000
低值易耗品	100 000		应交税金		102 000
库存商品	280 000		其他应交款		21 000
分期收款发出商品	20 000		预提费用		1 800
委托代销商品	50 000		长期借款		1 420 000
材料成本差异		15 000	应付债券		500 000
生产成本	40 000		长期应付款		600 000
存货跌价准备		75 000	实收资本		5 000 000
待摊费用	38 000		资本公积		201 200
长期股权投资	270 000		盈余公积		510 000
长期债权投资	130 000		利润分配		286 000

(2) 甲公司 2005 年 12 月 31 日有关总分类账户所属明细账户的期末余额如下表所示。

总分类账户	明细分类账户	期末余额	
		借方	贷方
应收账款	应收 A 公司账款	875 000	
	应收 B 公司账款		175 000
应付账款	应付 M 公司账款		400 000
	应付 N 公司账款	50 000	
预付账款	预付 E 公司账款	120 000	
	预付 F 公司账款		20 000
预收账款	预收 X 公司账款		40 000
	预收 Y 公司账款		20 000

(3) 其他资料："长期债权投资"账户期末借方余额 130 000 元中，有一年内到期的借款 50 000 元；"长期借款"账户期末贷方余额 1 420 000 元中有一年到期的借款 400 000 元；"应付债券"账户期末贷方余额 500 000 元中有一年到期的应付债券 200 000 元；"盈余公积"账户期末贷方余额 510 000 元中有公益金 170 000 元。

要求：根据上述资料编制、填列资产负债表(见下表。只填列期末数)

资产负债表

编制单位：甲公司　　2005 年 12 月 31 日　　单位：元

资　产	行次	年初数略	期末数	负债和所有者权益(或股东权益)	行次	年初数略	期末数
流动资产				流动负债			
货币资金	1			短期借款	68		
短期投资	2			应付票据	69		
应收票据	3			应付账款	70		
应收股息	4			应付工资	72		
应收账款	6			应付福利费	73		
其他应收款	7			应付利润	74		
存货	10			应交税金	76		
待摊费用	11			其他应交款	80		
一年内到期的长期债权投资	21			其他应付款	81		
其他流动资产	24			预提费用	86		
流动资产合计	31			一年内到期的长期负债	86		
长期投资				其他流动负债	90		
长期股权投资	32			流动负债合计	100		
长期债权投资	34			长期负债			
长期投资合计	38			长期借款	101		
固定资产				长期应付款	103		
固定资产原价	39			其他长期负债	106		
减：累计折旧	40						
固定资产净值	41			长期负债合计	110		
工程物资	44						
在建工程	45			负债合计	114		

续表

资　产	行次	年初数	期末数	负债和所有者权益(或股东权益)	行次	年初数	期末数
固定资产清理	46			所有者权益(或股东权益)			
固定资产合计	50			实收资本	115		
无形资产及其他资产				资本公积	120		
无形资产	51			盈余公积	121		
长期待摊费用	52			其中：法定公益金	122		
其他长期资产	53			未分配利润	123		
无形资产及其他资产合计	60			所有者权益(或股东权益)合计	124		
资产合计				负债和所有者权益(或股东权益)总计	135		

实训 2

目的：练习利润表的编制方法。

资料：甲公司 2005 年 10 月份有关损益类账户本期发生额如下表所示。

单位：元

账户名称	借方发生额	贷方发生额
主营业务收入	120 000	5 120 000
主营业务成本	3 050 000	80 000
主营业务税金及附加	750 000	
其他业务收入		900 000
其他业务支出	400 000	
营业费用	550 000	
管理费用	450 000	
财务费用	100 000	
投资收益	200 000	1 600 000
营业外收入		300 000
营业外支出	75 000	
所得税	996 600	

要求：根据上述资料，编制填列利润表(见下表。只填列本月数)

利润表

编制单位： 甲公司　　2005 年 10 月　　单位：元

项　　目	行次	本月数	本年累计数
一、主营业务收入	1		略
减：主营业务成本	4		
主营业务税金及附加	5		
二、主营业务利润(亏损以“－”号填列)	10		
加：其他业务利润(亏损以“－”号填列)	11		
减：营业费用	14		
管理费用	15		
财务费用	16		
三、营业利润(亏损以“－”号填列)	18		
加：投资收益(损失以“－”号填列)	19		
营业外收入	23		
减：营业外支出	25		
四、利润总额(亏损总额以“－”号填列)	27		
减：所得税	28		
五、净利润(净亏损以“－”号填列)	30		

附 录 A

附表 1 企业会计制度——科目表

资产类	负债类	所有者权益类	成本损益类
(一)资产类	(二)负债类	(三)所有者权益类	(四)成本类
1 1001 现金	44 2101 短期借款	63 3101 实收资本	69 4101 生产成本
2 1002 银行存款	45 2111 应付票据	64 3103 已归还投资(或股本)	410101 基本生产成本
3 1009 其他货币资金	46 2121 应付账款	65 3111 资本公积	410102 辅助生产成本
100901 外埠存款	47 2131 预收账款	311101 资本(或股本)溢价	70 4105 制造费用
100902 银行本票存款	48 2141 代销商品款	311102 接受捐赠非现金资产准备	71 4107 劳务成本
100903 银行汇票存款	49 2151 应付工资	311103 接受现金捐赠	(五)损益类
100904 信用卡存款	50 2153 应付福利费	311104 股权投资准备	72 5101 主营业务收入
100905 信用证保证金存款	51 2161 应付股利	311105 拨款转入	73 5102 其他业务收入
100906 存出投资款	52 2171 应交税金	311106 外币资本折算差额	74 5201 投资收益
4 1101 短期投资	217101 应交增值税	311107 其他资本公积	75 5203 补贴收入
110101 股票	21710101 进项税额	66 3121 盈余公积	76 5301 营业外收入
110102 债券	21710102 已交税金	312101 法定盈余公积	77 5401 主营业务成本
110103 基金	21710103 转出未交增值税	312102 任意盈余公积	78 5402 主营业务税金及附加
110110 其他	21710104 减免税款	312103 法定公益金	79 5405 其他业务支出
5 1102 短期投资跌价准备	21710105 销项税额	312104 储备基金	80 5501 营业费用
6 1111 应收票据	21710106 出口退税	312105 企业发展基金	81 5502 管理费用
7 1121 应收股利	21710107 进项税额转出	312106 利润归还投资	82 5503 财务费用
8 1122 应收利息	21710108 出口抵减内销产品应纳税额	67 3131 本年利润	83 5601 营业外支出
9 1131 应收账款	21710109 转出多交增值税		84 5701 所得税
10 1133 其他应收款	21710110 未交增值税		85 5801 以前年度损益调整
11 1141 坏账准备	217102 应交营业税		
12 1151 预付账款	217103 应交消费税		
13 1161 应收补贴款	217104 应交资源税		
	217105 应交所得税		

续表

14 1201 物资采购 15 1211 原材料 16 1221 包装物 17 1231 低值易耗品 18 1232 材料成本差异 19 1241 自制半成品 20 1243 库存商品 21 1244 商品进销差价 22 1251 委托加工物资 23 1261 委托代销商品 24 1271 受托代销商品 25 1281 存货跌价准备 26 1291 分期收款发出商品 27 1301 待摊费用 28 1401 长期股权投资 140101 股票投资 140102 其他股权投资 29 1402 长期债权投资 140201 债券投资 140202 其他债权投资 30 1421 长期投资减值准备 31 1431 委托贷款 143101 本金 143102 利息 143103 减值准备 32 1501 固定资产 33 1502 累计折旧 34 1505 固定资产减值准备 35 1601 工程物资 160101 专用材料 160102 专用设备 160103 预付大型设备款	217106 应交土地增值税 217107 应交城市维护建设税 217108 应交房产税 217109 应交土地使用税 217110 应交车船使用税 217111 应交个人所得税 53 2176 其他应交款 54 2181 其他应付款 55 2191 预提费用 56 2201 待转资产价值 220101 接受捐赠货币性资产价值 220102 接受捐赠非货币性资产价值 57 2211 预计负债 58 2301 长期借款 59 2311 应付债券 231101 债券面值 231102 债券溢价 231103 债券折价 231104 应计利息 60 2321 长期应付款 61 2331 专项应付款 62 2341 递延税款	68 3141 利润分配 314101 其他转入 314102 提取法定盈余公积 314103 提取法定公益金 314404 提取储备基金 314405 提取企业发展基金 314406 提取职工奖励及福利基金 314407 利润归还投资 314408 应付优先股股利 314109 提取任意盈余公积 314110 应付普通股股利 314111 转作资本(或股本)的利润 314115 未分配利润	

续表

160104 为生产准备的工具及器具			
36 1603 在建工程			
160301 建筑工程			
160302 安装工程			
160303 技术改造工程			
160304 其他支出			
37 1605 在建工程减值准备			
38 1701 固定资产清理			
39 1801 无形资产			
40 1805 无形资产减值准备			
41 1815 未确认融资费用			
42 1901 长期待摊费用			
43 1911 待处理财产损溢			
191101 待处理流动资产损溢			
191102 待处理固定资产损溢			

附表 2 小企业会计制度——科目表

资产类	负债类	所有者权益类	成本损益类
(一)资产类	(二)负债类	(三)所有者权益类	(四)成本类
1 1001 现金	29 2101 短期借款	42 3101 实收资本	47 4101 生产成本
2 1002 银行存款	30 2111 应付票据	43 3111 资本公积	410101 基本生产成本
3 1009 其他货币资金	31 2121 应付账款	311101 资本溢价	410102 辅助生产成本
100901 外埠存款	32 2151 应付工资	311102 接受捐赠非现金资产准备	
100902 银行本票存款	33 2153 应付福利费		

续表

100903 银行汇票存款
100904 信用卡存款
100905 信用证保证金存款
100906 存出投资款
4 1101 短期投资
110101 股票
110102 债券
110103 基金
110110 其他
5 1102 短期投资跌价准备
6 1111 应收票据
7 1121 应收股息
8 1131 应收账款
9 1133 其他应收款
10 1141 坏账准备
11 1201 在途物资
12 1211 材料
13 1231 低值易耗品
14 1243 库存商品
15 1244 商品进销差价
16 1251 委托加工物资
17 1261 委托代销商品
18 1281 存货跌价准备
19 1301 待摊费用
20 1401 长期股权投资
140101 股票投资
140102 其他股权投资
21 1402 长期债权投资
140201 债券投资
140202 其他债权投资
22 1501 固定资产

34 2161 应付利润
35 2171 应交税金
217101 应交增值税
21710101 进项税额
21710102 已交税金
21710103 减免税款
21710104 出口抵减内销产品应纳税额
21710105 转出未交增值税
21710106 销项税额
21710107 出口退税
21710108 进项税额转出
21710109 转出多交增值税
217102 未交增值税
217103 应交营业税
217104 应交消费税
217105 应交资源税
217106 应交所得税
217107 应交土地增值税
217108 应交城市维护建设税
217109 应交房产税
217110 应交土地使用税
217111 应交车船使用税
217112 应交个人所得税
36 2176 其他应交款
37 2181 其他应付款
38 2191 预提费用
39 2201 待转资产价值

311106 外币资本折算差额
311107 其他资本公积
44 3121 盈余公积
312101 法定盈余公积
312102 任意盈余公积
312103 法定公益金
45 3131 本年利润
46 3141 利润分配
314101 其他转入
314102 提取法定盈余公积
314103 提取法定公益金
314109 提取任意盈余公积
314110 应付利润
314111 转作资本的利润
314115 未分配利润

48 4105 制造费用
(五)损益类
49 5101 主营业务收入
50 5102 其他业务收入
51 5201 投资收益
52 5301 营业外收入
53 5401 主营业务成本
54 5402 主营业务税金及附加
55 5405 其他业务支出
56 5501 营业费用
57 5502 管理费用
58 5503 财务费用
59 5601 营业外支出
60 5701 所得税

附注

小企业可以根据实际需要，对上述科目作必要的增减或合并：

①采用计划成本进行材料日常核算的小企业，可以增设“物资采购”和“材料成本差异”科目；

②预收款项和预付款项较多的小企业，可设置“预收账款”和“预付账款”科目；

③低值易耗品较少的小企业，可以将其并入“材料”科目；

④小企业内部各部门周转使用的备用金，可以增设“备用金”科目；

续表

23 1502 累计折旧 24 1601 工程物资 25 1603 在建工程 160301 建筑工程 160302 安装工程 160303 技术改造工程 160304 其他支出 26 1701 固定资产清理 27 1801 无形资产 28 1901 长期待摊费用	220101 接受捐赠货币性资产价值 220102 接受捐赠非货币性资产价值 40 2301. 长期借款 41 2321 长期应付款		⑤小企业接受其他单位委托代销商品，可以增设“受托代销商品”、“代销商品款”科目； ⑥小企业根据自身的规模和管理等要求，可以将“生产成本”、“制造费用”科目合并为“生产费用”科目，并设置相关的明细科目； ⑦对外提供劳务较多的小企业，可以增设“劳务成本”科目核算所提供劳务的成本

附表3 《企业会计制度》与《小企业会计制度》的差异对照表

序号	项目	《企业会计制度》	《小企业会计制度》
1	会计期间	年度、半年度、季度、月份	年度、月份
2	会计报表	资产负债表、利润表、现金流量表、资产减值准备明细表、股东权益增减变动表、应交增值税明细表、利润分配表、分部报表	除资产负债表和利润表外其他不编制，现金流量表可选择编制，应交增值税明细表增值税一般纳税人编制，在利润表的补充资料中反映当期分配投资者的利润
3	会计科目	不单独设置“应付利润”科目	不设置“分期收款发出商品”、“应收利息”、“应收补贴款”、“长期资产减值准备”、“应付债券”、“应付股利”、“预计负债”、“专项应付款”、“递延税款”、“补贴收入”科目

续表

序号	项目	《企业会计制度》	《小企业会计制度》
4	资产减值准备	风险资产均计提准备	只有流动资产中的风险资产计提坏账准备，短期投资跌价准备和存货跌价准备 3 项，长期资产均不提准备
5	短期投资跌价准备的计提方法	按投资总体、投资类别或单项投资计提	只按投资总体计提
6	应收的股利、利润、债权利息	设置“应收股利”、“应收利息”科目核算	统一在“应收股息”科目核算
7	库存材料、包装物	分别设置“原材料”、“包装物”科目	设置“材料”科目，不单独设置“包装物”科目，包装物并入“材料”科目核算
8	接受捐赠物资的入账价值	捐赠方没有提供有关入账凭据的：按同类或类似资产的市场价格及支付的相关税费或预计未来现金流量的现值估计入账	捐赠方没有提供有关入账凭据的，按同类或类似资产的市场价格及支付的相关税费估计入账
9	出租、出借包装物的成本结转	视金额大小分次结转或一次结转	不分金额大小均一次结转成本
10	盘盈、盘亏的货物（不包括工程物资的盘盈、盘亏、毁损和报废）	先转入“待处理财产损溢”科目，待批准后再行处理	不通过“待处理财产损溢”科目，直接计入损益
11	购入长期债券的手续费等	区分金额大小分期摊销或直接计入损益	直接计入当期损益
12	购入长期债券溢、折价的摊销	直线法或实际利率法	直线法
13	按国家规定给予的定额补贴而应收的补贴款（如出口退税）	记入“应收补贴款”科目	不单独设置“应收补贴款”科目，将其内容并入“应收账款”科目核算

续表

序号	项目	《企业会计制度》	《小企业会计制度》
14	补贴收入（如出口退税）	单独设置“补贴收入”科目核算按规定实际收到的补贴收入，或按销量或工作量等和国家规定的补助定额计算并按期给予的定额补贴	不单独设置“补贴收入”科目，将其内容并入“营业外收入”科目核算
15	实际发生的费用支出大于在预提费用科目中已预提的数额	应视同待摊费用，分期摊销（但在报表说明中将预提费用的借方余额合并在待摊费用项目反映）	不再摊销，直接计入当期费用
16	待转资产价值	如果接受捐赠资产按税法规定确定的入账价值全部计入当期应纳税所得额的，企业应按已记入“待转资产价值”科目的账面余额，借记“待转资产价值——接受捐赠货币性资产价值（或接受捐赠非货币性资产价值）”科目，按接受捐赠资产按税法规定确定的入账价值与现行所得税税率计算的应交所得税，或接受捐赠资产按税法规定确定的入账价值在抵减当期亏损后（包括企业以前年度发生的尚在税法规定允许抵扣期间内的亏损，下同）的余额与现行所得税税率计算的应交所得税，贷记“应交税金——应交所得税”科目，按其差额，贷记“资本公积——其他资本公积（或接受捐赠非现金资产准备）”科目	如果接受捐赠待转的资产价值全部计入当期应纳税所得额，应按本科目的账面余额，借记“待转资产价值——接受捐赠货币性资产价值（或接受捐赠非货币性资产价值）”科目，按接受捐赠待转的资产价值与现行所得税税率计算的应交所得税，或接受捐赠待转的资产价值在抵减当期亏损后的余额与现行所得税税率计算的应交所得税，贷记“应交税金——应交所得税”科目，按其差额，贷记“资本公积——其他资本公积（或接受捐赠非现金资产准备）”科目
		编制资产负债表时计入其他流动负债项目	编制资产负债表时计入其他长期负债项目

续表

序号	项目	《企业会计制度》	《小企业会计制度》
17	因融资租赁产生的长期应付款	在租赁开始日，按租赁资产的原账面价值与最低租赁付款额的现值两者中较低者，作为入账价值，借记“在建工程”或“固定资产”，按最低租赁付款额，贷记“长期应付款——应付融资租赁款”，按其差额，借记“未确认融资费用”。如果融资租赁资产占企业资产总额比例等于或小于 30%的，在租赁开始日，企业也可按最低租赁付款额，作为入账价值，借记“固定资产”，贷记“长期应付款”	在租赁开始日，按照租赁协议或合同确定的价款，加上运输费、保险费、安装调试费以及融资租入固定资产达到预定可使用状态前发生的利息和汇兑损益后的金额等，借记“固定资产——融资租入固定资产”，按租赁协议或合同确定的设备价款，贷记“长期应付款”，按应支付的其他相关税费，贷记“银行存款”或“应付账款”等科目
18	资本公积的明细科目	资本溢价、接受捐赠非现金资产准备、股权投资准备、拨款转入、外币资本折算差额、关联交易差价、其他资本公积等	资本溢价、接受捐赠非现金资产准备、外币资本折算差额、其他资本公积
19	盈余公积的明细科目	法定盈余公积、任意盈余公积、法定公益金、储备基金、企业发展基金、利润归还投资	法定盈余公积、任意盈余公积、法定公益金。取消外商投资企业专用的储备基金、企业发展基金、利润归还投资 3 个明细科目
20	利润分配明细科目	其他转入、提取法定盈余公积、提取法定公益金、提取储备基金、提取企业发展基金、利润归还投资、应付优先股股利、提取任意盈余公积、应付普通股股利、转作资本的普通股股利、未分配利润 12 个明细科目	小企业会计制度只保留了其他转入、提取法定盈余公积、提取法定公益金、提取任意盈余公积、应付利润、转作资本的利润、未分配利润 7 个明细科目，取消了 5 个三资企业和股份有限公司使用的明细科目

续表

序号	项目	《企业会计制度》	《小企业会计制度》
21	生产成本明细科目	“基本生产成本”明细科目下可以设置“废品损失”和“停工损失”明细科目，或者将“废品损失”和“停工损失”单独设置为两个一级科目	小企业会计制度未作此要求
22	所得税费用的核算方法	应付税款法、纳税影响会计法	应付税款法
23	现金流量表的编制方法	正表用直接法编制，补充资料按间接法反映	取消了补充资料，以直接法编制
24	会计报表附注	—	小企业会计报表附注的披露内容较企业会计制度大为简化

图书在版编目(CIP)数据

主管会计实务/黄越 主编
武汉:华中科技大学出版社,2006年12月
ISBN 7-5609-3721-7

Ⅰ.主…
Ⅱ.黄…
Ⅲ.会计实务-高等学校-教材
Ⅳ.F23

主管会计实务　　黄　越　主编

责任编辑:曾　光　吴　晗　　封面设计:刘　卉
责任校对:陈　骏　　责任监印:熊庆玉

出版发行:华中科技大学出版社
武昌喻家山　邮编:430074　电话:(027)87557437

录　排:北京搜获科技有限公司
印　刷:荆州市今印印务有限公司

开本:787×960　1/16　　印张:13.25　　字数:228 000
版次:2006年12月第1版　　印次:2006年12月第1次印刷　　定价:25.00元
ISBN 7-5609-3721-7/F·314